Heinz Geiger · Hermann Haarmann

Aspekte des Dramas

Grundstudium Literaturwissenschaft
Hochschuldidaktische Arbeitsmaterialien

Herausgegeben von

*Heinz Geiger, Albert Klein und Jochen Vogt unter Mitarbeit von
Bernhard Asmuth, Horst Belke, Luise Berg-Ehlers und Florian Vaßen*

Band 7

Westdeutscher Verlag

Heinz Geiger · Hermann Haarmann

Aspekte des Dramas

Westdeutscher Verlag

CIP-Kurztitelaufnahme der Deutschen Bibliothek

Geiger, Heinz
Aspekte des Dramas / Heinz Geiger; Hermann
Haarmann. — 1 Aufl. — Opladen: Westdeutscher
Verlag, 1978.
  (Grundstudium Literaturwissenschaft; Bd. 7)
  ISBN 3-531-29277-3
NE: Haarmann, Hermann:

© 1978 Westdeutscher Verlag GmbH, Opladen
Satz: Vieweg, Wiesbaden
Druck und Buchbinderei: Lengericher Handelsdruckerei, Lengerich
Alle Rechte vorbehalten. Auch die fotomechanische Vervielfältigung des
Werkes (Fotokopie, Mikrokopie) oder von Teilen daraus bedarf der vorherigen Zustimmung des Verlages.
Printed in Germany

ISBN 3-531-29277-3

Inhalt

I. Zum Verhältnis von Drama und Theater 7

1. Die antike Tragödie 11
2. Das bürgerliche Trauerspiel 24
3. Das epische Theater 40

II. Bauelemente des Dramas 56

1. Das Drama als szenisch-theatralischer Text 57
2. Handlungstypen 60
3. Handlungsgliederung (Akt, Szene, Auftritt) 66
4. Exkurs zur Bühnenform 71
5. Prinzip der Einheit (Handlung, Raum, Zeit) 81
6. Formtypen 88
7. Exkurs zur Episierung 99
8. Mittel der dramatischen Sukzession 104

III. Dokumentation: Texte zur Entwicklungsgeschichte des Dramas 110

Arbeitsvorschläge 169

Literaturhinweise 174

Register 179

I. Zum Verhältnis von Drama und Theater

Um mit einer provokanten Frage zu beginnen: bedarf das Theater überhaupt des Dramas? Heute, wo Kritiker und Fachleute spätestens mit Samuel Beckett den Niedergang des Dramas und den Aufstieg des Theaters konstatieren. Bedeutet da nicht der Versuch zum Verhältnis von Drama und Theater eine anachronistische Anstrengung? Mehr noch. Verrät er nicht gar eine unzulässige Vermischung von Literatur- und Theaterwissenschaft?

Die Diskussion um das Verhältnis von Drama und Theater weist in ihrer Geschichte zwei sich deutlich unterscheidende Positionen auf. Eine historisch festgelegte Germanistik isolierte die Dramatik allzu forsch von deren realem Wirkungsfeld, dem Theater, während die Theaterwissenschaft, in Absetzung zur Literaturgeschichtsschreibung, das theatrale Ereignis, den Vollzug von Theater, reklamierte. „Für sie ist der sich an mehrere Sinne wendende Theaterabend Mittelpunkt."[1] Beide Ansätze – für sich genommen – greifen zu kurz.

So gibt es Epochen, wo *das Drama die Neuorientierung des Theaters* nach sich zieht. Das bürgerliche Trauerspiel im Deutschland des 18. Jahrhunderts ist nicht nur in Gegnerschaft zur dominierenden französischen Tragödie zu sehen, es impliziert eine grundlegende Veränderung des Theaters. Das *höfisch-klassizistische Theater* ist seiner Struktur nach gekennzeichnet durch eine Verwischung der Grenze zwischen Bühne und Zuschauer, eine

---

[1] Herbert A. Frenzel: Theaterwissenschaft, in: Universitas Litterarum. Handbuch der Wissenschaftskunde, hrsg. von W. Schuder, Berlin 1955, S. 588.

Tatsache, die schon die lokale Plazierung des Fürsten auf der Vorbühne zum Ausdruck bringt. Das Dargestellte ist die für ihn und durch ihn hindurch inszenierte Selbstbespiegelung des Hofs. Gotthold Ephraim Lessing pflichtet gar Voltaires Unwillen über Relikte dieser überkommenen Tradition im Theater bei. „Das Theater in Paris (. . .) beleidigte ihn mit Recht, und besonders beleidigte ihn die barbarische Gewohnheit, die Zuschauer auf der Bühne zu dulden, wo sie den Akteuren kaum so viel Platz lassen, als zu ihren notwendigsten Bewegungen erforderlich ist."[2] Was Lessing hier Voltaire zustimmen läßt, ist das Gebot des Illusionstheaters, welches unabdingbare Voraussetzung ist für das von Lessing entwickelte Konzept einer Rezeptionsästhetik. Illusion ist ihm dabei Garant für die gesellschaftliche Wirksamkeit des bürgerlichen Trauerspiels.

Dieser Hinweis aus der Theatergeschichte mag als vordergründiges Unterfangen eingeschätzt werden, unternommen, um von vornherein die Notwendigkeit des Dramas für das Theater zu belegen. Doch es finden sich auch Gegenbeispiele. Erwin Piscators Experimente in Richtung auf ein *politisches Theater* während der Weimarer Republik verstehen sich *als Antwort auf den offensichtlichen Mangel an fortschrittlicher Dramatik.* Im Sinne seiner soziologischen Dramaturgie baut Piscator das Theater um, dessen technischer Apparat erfährt eine beachtliche Erweiterung. Dies ist jedoch nicht Piscators Ziel, ihm geht es um den kämpferischen, d. h. parteilichen Einsatz des Theaters. „Meine technischen Mittel hatten sich entwickelt, um ein Manko auf der Seite der dramatischen Produktion auszugleichen."[3] Wo Piscators Experimente scheitern müssen, beginnt Bertolt Brechts Arbeit. Bei Brecht endlich lösen sich die Antinomien Drama und Theater im Begriff vom

---

2 Gotthold Ephraim Lessing: Hamburgische Dramaturgie, München 1966, S. 49 (10. Stück).
3 Erwin Piscator: Grundlinien der soziologischen Dramaturgie, in: E. P.: Das Politische Theater. Schriften, Bd. 1, Berlin/DDR 1968, S. 133.

epischen Theater auf. Indem Brecht die Dramatik zur sozialistischen entwickelt, entwickelt er das ihr entsprechende Theater; die nicht-aristotelische Dramatik hat das epische Theater zu ihrer Voraussetzung, wie umgekehrt das epische Theater jene Dramatik zu der seinen.

Wenn auch in der gegenwärtigen Theaterlandschaft die Entwicklung zum *Ritualtheater* im Gefolge des Living Theatre zum Beispiel oder etwa zum *Happening* eines Wolf Vostell mehr und mehr ins Stocken geraten ist, so bedeutet das nicht sogleich den Sieg des Dramas. Erst Peter Brooks letzte Unternehmung, anthropologisches Material über einen von der Zivilisation bedrohten ostafrikanischen Negerstamm, die Iks, theatralisch zu dokumentieren, glaubt, die Möglichkeit eines Theaters ohne Drama belegt zu haben.[4] Auf der anderen Seite ist — im gängigen Theaterrepertoire zumal — die zunehmende Inanspruchnahme bewährter Dramatik zu beobachten; dies bei weitem nicht nur wegen der vorauszusehenden Publikumszustimmung. Solche Dramen leisten doch auch eine kritische Auseinandersetzung mit der Geschichte, werden sie durch die Inszenierung auf ihren Wahrheitsgehalt befragt. Ganz zu schweigen von den höchst interessanten Versuchen einer *Antike-Rezeption* bei zeitgenössischen Dramatikern wie Peter Hacks oder Heiner Müller. Höchst interessant, da deren künstlerisches Schaffen unter den Bedingungen der Übergangsgesellschaft (am Beispiel der DDR) besonderes Augenmerk verdient. Hier wäre eine für die Theatergeschichtsschreibung bedeutsame, weil aktuelle Beschäftigung mit der sogenannten Erbeproblematik angezeigt, Fragen des Verhältnisses von Vergangenheit und Gegenwart könnten am ästhetischen Objekt unter dem Aspekt dessen gesellschaftlicher Nützlichkeit für das Heute diskutiert werden.

---

[4] Gertrud Mander: Realität und Theater — in Notzeiten. Peter Brooks und Peter Halls neue Arbeiten, in: Theater heute, Heft 3, März 1976, S. 28 ff.

Das Verhältnis von Drama und Theater ist also durchaus dialektisch verschränkt. Deshalb sei hier die These aufgestellt, selbst die Negierung des Dramas (als Voraussetzung für das Theater) bestätigt noch das konstitutive Verhältnis Drama—Theater.

Der dramatische Text impliziert als gattungsspezifisches Charakteristikum seine szenische Umsetzung in Theater. Die Dialogform allein, oft zum Hauptmerkmal dramatischer Texte erklärt, verlangt diese Anstrengung der theatralen Transformation durchaus nicht. Hinzutreten muß eine durch den Text initiierte Handlungs- bzw. Konfliktentwicklung, die selbst wieder Voraussetzung ist für die szenische Durchführung. Einzig der Vollzug von Theater, die theatrale Aktion von Bühne und Publikum, verwirklicht die Intentionen eines szenisch-theatralischen Textes.

Die traditionelle Poetik faßt den hier als szenisch-theatralischen Text gekennzeichneten Gegenstand gemeinhin unter dem Begriff Dramatik und bezeichnet damit eine Textgattung, die sich durch bestimmte Stilmerkmale und Baugesetze von den beiden anderen Gattungen, der Lyrik und der Epik, grundlegend unterscheidet. Speziell in der Auseinandersetzung mit der letzteren wird daher auch der Versuch unternommen, die Eigengesetzlichkeiten der Dramatik zu bestimmen.[5] Wiewohl eine solche Bestimmung der formalen Aspekte gerade bei der Dramenanalyse ihre volle Berechtigung hat, so meint eine kritische Beschäftigung mit dem Drama zugleich mehr: das Drama ist nämlich immer auch eingebunden in den konkreten historischen Kontext, reflektiert mithin seine eigene Genese. Diese ins Drama eingegangene Entstehungsgeschichte, die bei der Aufführung des Dramas dessen Wirkung vorausgesetzt ist, bleibt als historische Erfahrung im Drama virulent. Entstehung und Wirkung korrespondieren mithin im Begriff von der *Geschichtlichkeit des Dramas*. Dort findet sich auch jener Schnittpunkt im Werk, an dem die Frage nach der Dauer des

---

5 Vgl. dazu den Teil II. des vorliegenden Buches.

Dramas sich stellt. Je deutlicher die Entstehungsgeschichte zugleich als Sinngebung dem Werk zugebilligt wird, desto offensichtlicher überbrückt sie jene historische Distanz des Dramas zum heutigen Publikum, die allzu leichtfertig als Beweis für das Veralten der Dramatik vergangener Epochen zitiert wird. Aktualisierung des Stoffs aber gelingt allein vom Standpunkt der entwickelten Gegenwart, der das jeweilige Werk gerade als historische Frage und Antwort seiner Zeit rezipierbar werden läßt. Was für das Drama gilt, gilt nicht weniger für jene Kategorien, die den Gegenstand Drama (wie dessen implizierten Funktionsbereich) analytisch zu fassen versuchen. „Die ‚Gültigkeit' literarischer Kategorien schließt also ihre Historizität nicht aus, sondern setzt sie voraus."[6] Unter diesem Blickwinkel erst erklärt sich dann auch die nachhaltige Bedeutsamkeit des antiken Dramas und dessen ästhetischer Theorie.

1. Die antike Tragödie

Das Drama der Antike, besonders in seiner Gestalt als Tragödie, gilt bis heute gleichsam zeitlos als Muster und Vorbild. In der ästhetischen Theorie und Praxis erprobte Begriffe und Kategorien haben dort ihren Ursprung. Mit der *Poetik* des Aristoteles, in deren Mittelpunkt die griechische Tragödie steht, liegt der erste überlieferte Versuch zur Systematisierung der Dichtkunst vor. Und selbst „die Poetik der neueren Zeit beruht wesentlich auf dem Werk des Aristoteles, ihre Geschichte ist dessen Wirkungsgeschichte."[7]

---

6 Robert Weimann: Gegenwart und Vergangenheit in der Literaturgeschichte, in: R. W.: Literaturgeschichte und Mythologie. Methodische und historische Studien, 3. Aufl. Berlin/Weimar 1974, S. 35.
7 Peter Szondi: Versuch über das Tragische, 2. Aufl. Frankfurt/M. 1964, S. 7.

Allzu leicht wird bei der Beschäftigung mit dem antiken Drama (und auch Theater) dessen ursächlicher Zusammenhang von *Entstehung* und *Funktion* im historischen Kontext verdeckt. Käte Hamburger sieht so in der unbestreitbaren Tatsache, daß dramatische Figuren der Antike in späteren Stücken immer wieder auftauchen (vgl. z. B. Sartre, Anouilh oder auch Brecht), „das Wunder dieser Gestalten"[8] bestätigt. „Orestes aber, Elektra und Iphigenie, Ödipus und Antigone, Phädra, Medea und Alkestes — sie sind Gestalten ewigen Lebens geblieben."[9] Bei Wilhelm von Scholz gerät das Drama gar zum Beispiel einer ontologischen Befindlichkeit zur Kunst: „Was ist diese Lebenswurzel des Dramas, die in der Brust eines Menschen wächst und treibt? in der eines anderen nicht? Nicht Klugheit, nicht Kenntnis der Seelenvorgänge, der Charaktere, des Zeitgeschehens, des Theaters, sondern nur die eine — ich möchte nicht einmal sagen ‚Begabung', sondern anspruchsloser, einfacher ‚Wesensart' eines Menschen: daß all das dunkle Leben in seinem Blut und seinen Nerven, in den Zellen seiner Gewebe, dem Austausch der Stoffe, die seinen Leib bilden, in dem über den körperlichen Entwicklungen leise beginnenden, erst noch unerkennbaren Bewußtseinsvorgängen bis hinauf zu den wirren, unerhört selbständigen Gefühlen und Gesichten seiner Träume Werk wird, in sein Schaffen eindringt."[10] In dieser mystifizierenden Reduzierung des Dramas auf einen Wesensausbruch des „Künstlermenschen"[11] ist jede Spur eines kritischen Bewußtseins von Entstehung und Funktion der Dramatik ausgelöscht.

---

8 Käte Hamburger: Von Sophokles zu Sartre. Griechische Dramenfiguren antik und modern, Stuttgart 1962, S. 12.
9 Ebda.
10 Wilhelm von Scholz: Das Drama. Wesen, Werden, Darstellung der dramatischen Kunst, Tübingen 1956, S. 21.
11 Ebda., S. 25.

„Von der Magie der Worte in der Opferhandlung über die Anrufung der Götter in Hymnen und Gebeten bis zur Darstellung menschlicher Schicksale durchdringt die Dichtung alle Äußerungen des Menschseins. Sie ist die Keimstätte der Sprache selbst, das erste Schaffen des Aussagens, Erkennens, Bewirkens."[12] Aussagen, Erkennen, Bewirken hingegen bleiben folgenlos ohne jenen *konkreten* Inhalt, der *Aussage, Erkenntnis* und *Wirkung für den Menschen* ist. Der Mensch reflektiert mithin im Medium der Sprache über sich selbst. „Die Sprache ist so alt wie das Bewußtsein — die Sprache *ist* das praktische, auch für andre Menschen existierende, also auch für mich selbst erst existierende wirkliche Bewußtsein, und die Sprache entsteht, wie das Bewußtsein, erst aus dem Bedürfnis, der Notdurft des Verkehrs mit andern Menschen."[13] Sprache ist also als Mittel der Kommunikation gesellschaftlich produziert; nicht Dichtung ist Keimzelle der Sprache, sie entwickelt sich vielmehr mit der Organisierung des materiellen Lebens. Erste Bedingung zur Gestaltung der Wirklichkeit ist das reale Tun der Menschen, ihre gesellschaftliche Praxis, worin zugleich die ganze Fülle menschlicher Kommunikation sich gründet. „Der Mensch ist aber das einzige Lebewesen, das Sprache besitzt. Die Stimme zeigt Schmerz und Lust an und ist darum auch den andern Lebewesen eigen (...); die Sprache dagegen dient dazu, das Nützliche und Schädliche mitzuteilen und so auch das Gerechte und Ungerechte."[14]

---

12 Karl Jaspers: Vollendung der Wahrheit in ursprünglichen Anschauungen, in: Tragik und Tragödie, hrsg. von V. Sander, 4. Aufl. Darmstadt 1971, S. 3.
13 Karl Marx/Friedrich Engels: Die deutsche Ideologie, in: Marx/Engels WERKE, Bd. 3, Berlin/DDR 1969, S. 30.
14 Aristoteles: Politik, übersetzt und hrsg. von O. Gigon, 2. Aufl. München 1976, S. 49.

Der antike Mensch, in eine Natur (Welt) gesetzt, die noch nicht die Seine ist, ist gezwungen, diese nach seinem objektiven Bedürfnis sich anzueignen, will er nicht zugrunde gehen. In diesem Sinne kann das menschliche Dasein durchaus „als Kampf zur Erhaltung und Erweiterung des Kosmos gegenüber dem Chaos"[15] bezeichnet werden. Zugleich ist damit das Ziel menschlicher Existenz benannt. Nicht nur zur materiellen Sicherung des eigenen Lebens ist Naturbeherrschung unabdingbare Voraussetzung; in der Naturbeherrschung liegt nämlich eine Erfahrung begründet und tritt in der bearbeiteten Natur zutage: das Vermögen des Menschen zur Veränderung der Natur nach seinem Willen, das Vermögen zur schöpferischen Tat also. Aristoteles formuliert, daran anknüpfend, in der *Nikomachischen Ethik:* „Jedes praktische Können (téchnē) und jede wissenschaftliche Untersuchung (méthodos), ebenso alles Handeln (práxis) und alle Entschließung (prochaíresis) richtet sich, wie es scheint, auf ein Gut. Daher die richtige Bestimmung des Guten als des Ziels, zu dem alles hinstrebt."[16]
Daß der Mensch seine Natur als zoon politikon (gesellschaftliches Wesen) gerade in solch zweckrationalem Handeln einlöst, dort nur einlösen kann, ist seit Aristoteles anerkannt. Aus dieser Erkenntnis ergibt sich zudem die Forderung nach Errichtung eines Gemeinwesens, das die Verwirklichung des Guten ermöglicht.

Mit der Polis ist eine Organisationsform geschaffen, die im gemeinsamen Interesse ihrer Bürger entspringt. „In der vollendeten Polis beherrschen die Bürger sich unmittelbar selbst: sie sind alle Regierende und Regierte in einer Person, wenn auch nicht immer zur gleichen Zeit."[17]

---

15 Arnim Kuckhoff: Das Drama der Antike (Die Tragödie), in: Schriften zur Theaterwissenschaft, Bd. 2, hrsg. von der Theaterhochschule Leipzig, Berlin/DDR 1960, S. 41.
16 Aristoteles: Nikomachische Ethik, übersetzt und kommentiert von F. Dirlmeier, Darmstadt 1967, 1094 a I.
17 Friedrich Tomberg: Polis und Nationalstaat. Eine vergleichende Überbauanalyse im Anschluß an Aristoteles, Darmstadt/Neuwied 1973, S. 27.

Im Prozeß der Harmonisierung von Mensch und Natur, von Mensch und Mensch in und mit der Polisgesellschaft kommen deren Theater und Drama wichtige Funktionen zu. Das Drama gestaltet die eigene Vergangenheit und Gegenwart in der Form des (Götter- bzw. Helden-)Mythos; das Theater ist das Forum öffentlicher Diskussion. Dort wird die Gemeinsamkeit der Bürger als Polisbürger erfahren und gestärkt, da das dramatische Geschehen unmittelbar auf die Wirklichkeit der Polis bezogen ist. Die Tragödie ist demnach „Nachbild von als realer Wirkungszusammenhang gemeinter Kulthandlungen."[18] Sie ist genuine Schöpfung der Polis, deren *Gegenstand wie Medium zur Reflexion* über sie.

„In keiner Gattung kommen die inneren Gegensätze ihrer Gesellschaftsstruktur so unmittelbar und scharf zum Ausdruck wie hier."[19] Denn wenn die Polis sich auch als jene Gesellschaftsformation, als der Staat, darstellt, der die Identität aller seiner Bürger mit ihm gewährleistet, so ist dessen ökonomisches Fundament doch die Sklavenarbeit. Historisch markiert die Sklaverei zwar einen Fortschritt, denn erst sie „machte die Teilung der Arbeit zwischen Ackerbau und Industrie auf größerm Maßstab möglich, und damit die Blüte der alten Welt, das Griechentum. Ohne Sklaverei kein griechischer Staat, keine griechische Kunst und Wissenschaft."[20] Da aber diese Voraussetzung jenseits des Polisbewußtseins liegt (Aristoteles nennt die Sklaven bezeichnenderweise „beseelte Werkzeuge"), können die gesellschaftliche Organisation (Polis) des Lebens und ihre politischen wie künstlerischen Manifestationen von den Polisbürgern als Ideal verstanden und praktiziert werden.

---

18 Theodor W. Adorno: Ästhetische Theorie, hrsg. von G. Adorno und R. Tiedemann, Frankfurt/M. 1973, S. 17.
19 Arnold Hauser: Sozialgeschichte der Kunst und Literatur, München 1967, S. 86.
20 Friedrich Engels: Herrn Eugen Dührings Umwälzung der Wissenschaft („Anti-Dühring"), in: Marx/Engels WERKE, Bd. 20, Berlin/DDR 1971, S. 168.

Dem Mitglied des Stadtstaates ist die Polis höchstes Gut, garantiert die Polis doch jene Ordnung (Kosmos), die die Selbstbestimmung (Autarkie) des Menschen im gesellschaftlichen Raum durchsetzt. Dieser Prozeß vollzieht sich nicht ohne Widersprüche. Widersprüche bergen in sich stets den Rückfall ins Chaos. Dieser Gefahr zu begegnen, darauf zielt das antike Drama, indem es, Furcht und Mitleid erregend wie abführend, zeigt, „was geschehen könnte und was möglich wäre nach Angemessenheit oder Notwendigkeit."[21] So verstanden wird das Drama, die Tragödie zumal, Ausdruck eines politischen wie ästhetischen Willens: der Erhaltung der Polis. Dies nun freilich nicht in der Form bloßer Apologie des Bestehenden, was zudem dem Interesse der Polis am autarken Bürger zuwiderliefe. „Das antike Theater ist — zumindest in seinem, alle anderen Theater in ganz Griechenland bestimmenden Muster des attischen Theaters — ein *demokratisches* Theater. Es ist ein Theater der ganzen Polis. Es ist auf das Volk als Publikum bezogen."[22] Daß die Sache des Publikums und damit der Polisgesellschaft in der griechischen Tragödie verhandelt wird, zeigt sich bereits sinnfällig in *Stellung und Funktion des Chors* im antiken Drama. Der Chor bildet den allgemeinen Rahmen des theatralischen Geschehens, er begleitet und kommentiert. Inhaltlich vertritt der Chor dabei häufig den Standpunkt der Polisgemeinschaft, steht ein für deren Ansichten und Gefühle, damit — wie Georg Wilhelm Friedrich Hegel in seiner *Ästhetik* vermerkt — „das Publikum an ihm in dem Kunstwerke einen objektiven Repräsentanten seines eigenen Urteils über das fände, was vor sich geht."[23] Im Chor artikuliert sich mithin Öffentlichkeit; in dieser formalen und ideellen Repräsentanz der Polis schon erweist sich die Ideali-

---

21 Aristoteles: Poetik, Übersetzung, Einleitung und Anmerkungen von O. Gigon, Stuttgart 1961, S. 36.
22 Arnim Kuckhoff: Das Drama der Antike, S. 57.
23 Georg Wilhelm Friedrich Hegel: Vorlesungen über die Ästhetik, in: G. W. F. H.: Werke in 20 Bdn., hrsg. von E. Moldenhauer und K. M. Michel, Frankfurt/M. 1970, Bd. 15, S. 541.

tät des antiken Dramas. „Ein Volk ehrt sich selbst, indem es sein Theatron als Selbstinterpretation anerkennt und den Interpreten geschichtlichen Rang, d. h. den Rang nicht nur denkwürdiger, sondern das Profil der Epoche mitformender Persönlichkeiten zuerkennt."[24]

Selbstinterpretation kann einzig in der Reflexion eines konkreten, auf den Interpreten gerichteten Inhalts sich herstellen; das Interesse an solchen Gegenständen entspringt dem objektiven, gesellschaftlichen Bedürfnis nach Erhaltung und Verteidigung der Polis. Die damaligen Zuschauer von Aischylos' Tragödientrilogie *Orestie* werden mit einem allen vertrauten Mythos konfrontiert, der zwar nicht in ihrer unmittelbaren Wirklichkeit angesiedelt ist, der vielmehr in der Welt legendärer Könige und Heroen, in der Welt der Götter spielt. Deren Gesellschaftsstruktur ist nicht mehr die der Polisbürger. Zugleich aber führt die Trilogie die Entwicklung von der ursprünglichen Stammesordnung bis zur Polis vor und zeichnet damit die Durchsetzung des Stadtstaates gegenüber überkommenen Gesellschafts- und Rechtsformen nach. Die so dargestellte Vergangenheit mündet in die Gegenwart, wird integrierendes und integriertes Teil der Gegenwart. Unter diesem Blickwinkel erscheint die ebenfalls im Stück beschriebene Tyrannis nicht als endgültig überwunden, sondern als latente Bedrohung der attischen Demokratie. Die hier mittels Theater nacherlebte, im Tragischen durchlebte eigene Geschichte orientiert die Polisbürger aufs Allgemeine: ihr Interesse am Gemeinwesen schlägt um in verantwortungsvolles Handeln zur Stabilisierung bzw. Weiterentwicklung der Polis.

Es sind im wesentlichen drei Momente, die die gesellschaftlich-historische Bedingtheit der *Orestie* in deren politischer Dimension vermitteln:

— Der Kampf zweier gegensätzlicher Rechtsauffassungen (Matriarchat und Patriarchat), vertreten durch Klytaimnestra und Orest,

---

24 Heinz Kindermann: Theatergeschichte Europas, Bd. I, Das Theater der Antike und des Mittelalters, Salzburg 1957, S. 30.

sowie auf Götterebene durch die Erinyen und Apollo, als historischer Prozeß vom primitiven Stammesverband zur Bildung eines Staates, der Polis.
— Die Durchsetzung dieser Gesellschafts- und Rechtsordnung in der Betonung des Areopags, des obersten Gerichtshofes der Polis, als Instanz und Garant der attischen Demokratie.
— Warnung vor der Möglichkeit des Rückfalls in die im Stück dargestellte Tyrannis; die Vergangenheit in Form des Mythos läßt diese immer mögliche Zukunft (der Errichtung einer Tyrannis) als Bedrohung der Gegenwart erkennen.

Die Handlung der Trilogie selbst spielt auf zwei Ebenen, der des Atridengeschlechts und der der Götter. Sie durchläuft drei Stufen: Darstellung der untergegangenen Ordnung, Widerstreit der divergierenden Rechtsnormen, Durchsetzung der neuen Staatsform. Klytaimnestra rächt mit dem Gattenmord die Opferung ihrer Tochter Iphigenie durch Agamemnon (er opferte sie für den guten Ausgang des trojanischen Krieges). Die Königin wie die älteren, weiblichen (sic!) Götter, die Erinyen, repräsentieren das Prinzip und die gesellschaftliche Verfaßtheit der Gentilordnung, in der die „Verwandtschaft in mütterlicher Linie ein engeres Band als die Heirat bedeutete, und der Mord an einem Verwandten augenblicklich und unbedingt durch die Ächtung des Mörders bestraft wurde."[25] Orests, von Apollo sanktionierter Muttermord hingegen basiert bereits auf der neuen Rechtsauffassung, nach der die Heiligkeit der Ehe, der Vorrang des Mannes und die damit verbundene Erbfolge inauguriert werden. Die sich darauf gründende Gesellschaft erfährt ihre endgültige Legitimierung mit der Einsetzung des Areopags als der allgemein gültigen Rechtsprechungsinstanz. Durch diese Tat der Göttin Athene, sie nämlich setzt den Gerichtshof ein, wird der attischen Demokratie letztlich ihre göttliche Anerkennung zuteil.

---

25 George Thomson: Aischylos und Athen. Eine Untersuchung der gesellschaftlichen Ursprünge des Dramas, Berlin/DDR 1957, S. 293 f.

„Bevor wir fortfahren, wird es angebracht sein, durch einige allgemeine Bemerkungen über das Wesen des primitiven Symbolismus einem möglichen Mißverständnis vorzubeugen. Denn wenn Aischylos auch einer Epoche angehört, in der das wissenschaftliche Denken schon beachtlich entwickelt war, so hat er es doch vorgezogen, sich durch das primitive Mittel der Mythologie auszudrücken. Objektiv betrachtet, sind Mythen Symbole der Wirklichkeit. Sie sind die Form, in der sich die Wirklichkeit dem primitiven Geist darstellt. Daraus folgt, daß für den primitiven Geist, der sich von dem unsrigen unterscheidet, das Symbol und die Wirklichkeit ununterscheidbar sind — sie sind ein und dasselbe."[26]

Das Zusammenfallen des attischen Theaters mit seiner authentischen Wirklichkeit spiegelt sich also auch im dramatischen Geschehen selbst und spielt zuende in einem Kollektiv von Bühne und Publikum, das wiederum für die gesellschaftliche ‚Harmonie' innerhalb der Polis spricht. Deren geschichtliche Weiterentwicklung und Veränderung bleibt folgerichtig nicht ohne Wirkung auf das antike Drama. So sind auch strukturelle Veränderungen des Dramas im umfassenderen Rahmen gesellschaftlicher Wandlungen zu sehen. „Aichylos konnte die Flutwelle der Demokratie benutzen. Sein Begriff des Fortschritts als Ergebnis des Kampfes spiegelte die positive Vollendung der demokratischen Revolution wider; aber in seinen letzten Jahren, als er seine Mitbürger drängte, ihre Gesetze unverändert zu lassen, hörte seine Anschauung auf, fortschrittlich zu sein. Er übersah, daß seine Versöhnung der Gegensätze nur ein vorübergehendes Gleichgewicht darstellte, aus

---

26 Ebda., S. 291. — Es sei an dieser Stelle noch einmal — wie im Zitat selbst angedeutet — darauf hingewiesen, daß die Bewertung „primitiver Geist" einzig den Abstand zum heutigen gesellschaftlichen Bewußtsein markieren soll. Mit diesem Hinweis sei ein mögliches Mißverständnis bei der Interpretation Thomsons ausgeräumt.
Zu dem historisch sich wandelnden Gehalt solcher Begriffe bzw. Kategorien wie „Mythos" oder „Mythologie" vgl. Robert Weimann: Literaturgeschichte und Mythologie, S. 364—428.

dem sich neue Gegensätze ergeben mußten. Und so begannen die Gezeiten sich zu wenden. In seinen Händen hatte der tragische Chor noch etwas von seiner ursprünglichen Funktion bewahrt: er war dazu bestimmt, die Geisteshaltung heraufzubeschwören und zu formen, die der nachfolgenden Handlung angemessen war. Bei Sophokles büßt er seine dynamische Eigenschaft ein, und bei Euripides neigt er dazu, ein musikalisches Zwischenspiel ohne Beziehung zur Handlung zu werden."[27]

Die in der Sekundärliteratur so zahlreichen Untersuchungen über das *Tragische*[28] finden in der antiken Dramatik ihre Berechtigung, denn dort scheinen geradezu exemplarisch menschliche Urkonflikte gestaltet zu sein. Doch in der nicht selten a-historischen Pointierung jener handlungsspezifischen Probleme zu ontologischen menschlicher Existenz schlechthin verflüchtigt sich das Historische an dieser Dramatik. Auch das Schicksal, wie es in der griechischen Tragödie sich zu Wort meldet, ist nämlich immer im Umfeld der Polisgesellschaft konkretisiert als das die Gemeinschaft potenziell Bedrohende. Nur da „das in der Tragödie dargestellte Leid in ähnlicher Art immer auch den Zuschauer betreffen kann, empfindet er dieses Leid mit und gerät in Furcht, selbst einmal davon betroffen zu werden oder sogar in Angst und Schrecken angesichts seiner ungesicherten Existenz."[29] Auch als Zuschauer ist der griechische Mensch zoon politikon. Die Gleichzeitigkeit des antiken Dramas mit der Polisgesellschaft resultiert mithin aus der ungebrochenen, einheitsstiftenden Idee und Wirklichkeit eines idealen Gemeinwesens.

---

27 George Thomson: Aischylos und Athen, S. 373.
28 Vgl. zum Beispiel den schon zitierten Band: Tragik und Tragödie, hrsg. von V. Sander, 4. Aufl. Darmstadt 1971.
29 Friedrich Tomberg: Mimesis der Praxis und abstrakte Kunst. Ein Versuch über die Mimesistheorie, Neuwied/Berlin 1968, S. 24.

Es war bereits die Rede von der *Nachahmung* (Nachbild), die die Aufgabe jeder Kunst sei. So formuliert es Aristoteles in der *Poetik;* mehr noch und konkreter: „Es sind nun *handelnde* Menschen, die auf solche Weisen *nachgeahmt* werden."[30] Das Drama ist nicht, sondern meint die Realität. Es ist deren Bild. Doch jenes Bild wie jene Realität konstituieren sich im Prozeß des Handelns. Auch hierin äußert sich aufs Neue die Gleichzeitigkeit von antiker Kunst und Polis, denn „die aristotelische Bestimmung der Kunst als Widerspiegelung setzt (...) die Existenz der Polis voraus. In ihr ist die Lust der Erkenntnis darin begründet, daß die Praxis, die das Kunstwerk nachahmt und die Praxis, in der der Betrachter steht, ein- und dieselbe sind."[31]

Wiewohl Tragödie und Komödie in ihrem Inhalt sich unterscheiden, so ist ihnen – wie den übrigen Gattungen auch – also eines gemein. „Epos, Tragödie, Komödie, Dythyrambendichtung, ferner der größere Teil der Flötenkunst und Kitharakunst sind alle insgesamt Nachahmungen."[32] Nachahmung, *Mimesis*, wird bei Aristoteles eine Grundbefindlichkeit des Menschen, eine Grundbefindlichkeit, worin die Dichtung ihren Ursprung hat.

„Allgemein scheinen zwei Ursachen die Dichtung hervorgebracht zu haben, beide in der Natur begründet. Denn erstens ist das Nachahmen den Menschen von der Kindheit an angeboren; darin unterscheidet sich der Mensch von den anderen Lebewesen, daß er am meisten zur Nachahmung befähigt ist und das Lernen sich bei ihm am Anfang durch Nachahmung vollzieht."[33] Nachahmung ist also ein dem Menschen Eingegebenes und Gelerntes, denn indem er durch Nachahmung lernt, lernt er zugleich nachzuahmen. Dieses doppelte Verhältnis drückt sich aus in der Begegnung mit dem Nachgeahmten selbst: im Vergnügen am dramatischen Geschehen. Die eigene Wirklichkeit gibt sich dort wiederzu-

---

30 Aristoteles: Poetik, S. 24 (Hervorheb. von den Verf.).
31 Friedrich Tomberg: Mimesis der Praxis, S. 25.
32 Aristoteles: Poetik, S. 23.
33 Ebda., S. 27.

erkennen; dieses Wiedererkennen ist Erkenntnis von Ziel und Wirkung der eigenen Handlung. „Da nun die Nachahmung sich durch Handeln vollzieht"[34], kann Aristoteles in Übereinstimmung mit der sozusagen alltäglichen Erfahrung, daß nämlich „jede Handlung aber von Handelnden geführt wird"[35], für die Tragödie fordern „nicht die Nachahmung von Menschen, sondern von Handlungen und Lebensweisen, von Glück und Unglück."[36] Das Spannungsfeld von Glück und Unglück wiederum indiziert unmittelbar die gesellschaftliche Praxis der Polisbürger, welche selbst die Zusammenstimmung von Mensch und Natur zum Ziele hat. Eudaimonie als das Ideal der Polis muß im Zusammenhang mit der *Poetik* des Aristoteles stets mitgedacht werden: hierin korrespondieren der ästhetische und politische Aspekt dieser seiner Theorie. Friedrich Tombergs verallgemeinerndes Wort von der Kunst als „Mimesis der Praxis" hat also volle Berechtigung, im Rückgriff auf Aristoteles zumal.

Damit die *kathartische,* d. h. reinigende Wirkung der Tragödie sich einstelle, habe die Tragödie insbesondere „Nachahmung von Furcht- und Mitleiderregendem" zu sein, „denn dies ist die Eigenart dieser Nachahmung."[37] Aristoteles fordert darüber hinaus, „daß nicht anständige Leute beim Umschlag von Glück in Unglück gezeigt werden sollen (denn dies erzeugt nicht Furcht und Mitleid, sondern Widerwillen) und auch nicht der Übergang schlechter Menschen von Unglück zu Glück (denn dies läuft der Tragödie völlig zuwider, da keine der geforderten Wirkungen sich einstellt: es ist weder menschenfreundlich noch mitleiderregend, noch erschreckend), noch darf der gar zu Schlechte von Glück in Unglück stürzen (eine solche Erfindung ist zwar menschenfreundlich, enthält aber weder Furcht noch Mitleid; Mitleid entsteht nur, wenn der, der es nicht verdient, ins

---

34 Ebda., S. 31.
35 Ebda.
36 Ebda.
37 Ebda., S. 40.

Unglück gerät, Furcht, wenn es jemand ist, der dem Zuschauer ähnlich ist. Also entsteht in diesem Fall weder das eine noch das andere.)"[38] Werden diese von Aristoteles begründeten Richtlinien befolgt, gibt sich die vorbildliche Tragödie zu erkennen; sie „ist die Nachahmung einer edlen und abgeschlossenen Handlung von einer bestimmten Größe in gewählter Rede, derart, daß jede Form solcher Rede in gesonderten Teilen erscheint und daß gehandelt und nicht berichtet wird und daß mit Hilfe von Mitleid und Furcht eine Reinigung von eben derartigen Affekten bewerkstelligt wird."[39] Dieser Satz, worin der für die gesamte Diskussion über ästhetische Sachverhalte bedeutsame und umstrittene Begriff der *Katharsis* auftaucht, faßt Ziel und Zweck der Tragödie in eins: deren Wirkung sei die Reinigung von Affekten, damit der von Furcht (phobos) und Mitleid (eleos) angerührte Polisbürger im Miterleben des dramatischen Geschehens zum affektfreien, d. h. eben auch autarken Individuum sich läutere. Hierin erklärt sich der historische Sinn der aristotelischen *Poetik*.

Die *Poetik* hat zuerst den Dichter zum Adressaten; der Dichter richtet sich an ein Publikum, das Repräsentant der Polis ist. Ihm gegenüber ist der Dichter ebenso verpflichtet wie dem Staat, dem er mit seiner Tätigkeit zu dienen hat. Sicher ist es nicht zufällig, daß Aristoteles in seiner anderen bedeutenden Schrift *Politik,* deren Thema gerade die gesellschaftliche Organisierung des Zusammenlebens innerhalb der Polis ist, auch über die Aufgabe der Kunst, hier am Beispiel der Musik, handelt. Dort erfährt der Leser, „daß die Musik nicht bloß einem einzigen Zwecke dient, sondern mehreren: der Bildung und Reinigung (das Wort Reinigung sei hier einfach angewandt, Genaueres wird später in den Untersuchungen über die Dichtung zu sagen sein) und drittens dem geistigen Leben, der Lockerung und der Erholung von der Anspannung."[40] Allein die Tatsache, daß diese Passage in der *Poli-*

---

38 Ebda.
39 Ebda., S. 30.
40 Aristoteles: Politik, S. 260.

tik sich findet, mag die These von der direkten Beziehung zwischen Kunst und Gesellschaft in der Polis bestätigen. Walter Benjamin hat die daraus resultierende Doppelsinnigkeit der griechischen Kunst an der antiken Tragödie verdeutlicht. „In jedem Falle ist die griechische Trilogie nicht wiederholbare Ostentation, sondern einmalige Wiederaufnahme des tragischen Prozesses in höherer Instanz. Es ist, wie schon das offene Theater und die auf gleiche Weise niemals repetierte Darstellung es nahelegt, ein entscheidender Vollzug im Kosmos, was sich in ihr abspielt. Um dieses Vollzuges willen und als sein Richter ist die Gemeinde geladen. Während der Zuschauer der Tragödie eben durch diese gefordert und gerechtfertigt wird, ist das Trauerspiel vom Besucher aus zu verstehen."[41] Für Aristoteles steht also offensichtlich die Identität des Menschen (und sein auch ästhetisches Verhalten) mit der Polis, eine Identität, die in Harmonie mündet, im Hintergrund seines Denkens.

2. Das bürgerliche Trauerspiel

Die kathartische Wirksamkeit des antiken Dramas bzw. Theaters erfüllt sich in der gemeinsamen Teilnahme der Polisbürger am theatralen Ereignis. Teilnahme wird Anteilnahme, weil das auf der Bühne Verhandelte zugleich die eigene Wirklichkeit in der Polis unmittelbar mitbedeutet. Und doch ergehen sich antikes Drama und Theater nicht in schlichter Apologie des Bestehenden; dann nämlich wäre von vornherein deren Anspruch auf Mitgestaltung des gesellschaftlichen Lebens, der Polis also, bereits aufgegeben. „Zu streiten wird darüber sein, wie weit die attische Tragödie, auch die Euripideische, in den heftigen sozialen Konflikten der Epoche Partei ergriff; die Richtungstendenz der tragischen Form gegenüber den mythischen Stoffen jedoch, die Lösung des

---

41 Walter Benjamin: Ursprung des deutschen Trauerspiels, Frankfurt/M. 1972, S. 125.

Bannes von Schicksal und die Geburt von Subjektivität, bezeugt ebenso gesellschaftliche Emanzipation von feudal-familialen Zusammenhängen wie, in der Kollision zwischen mythischer Satzung und Subjektivität, den Antagonismus zwischen der dem Schicksal verbündeten Herrschaft und der zur Mündigkeit erwachenden Humanität."[42] Theodor W. Adorno interpretiert hier die ‚formale' Meisterschaft, mit der der mythische Stoff zum dramatischen Gegenstand erhoben ist, als Zeugnis für das sich selbst und damit seine Welt begreifende Individuum, das sich gegen die bloße Natur (repräsentiert im Schicksal) und das ihr entsprechende, undurchschaute Gewaltverhältnis durchzusetzen beginnt.

Gotthold Ephraim Lessing nun ist in eine andere Zeit gesetzt. Das aufsteigende Bürgertum des 18. Jahrhunderts kämpft auf der Grundlage seines ökonomischen Machtzuwachses um die politische Führung. Mit diesem Satz sei die allgemeine Tendenz der historischen Entwicklung an der Wende des 18./19. Jahrhunderts benannt. Die Übergangsphase vom Feudalismus zum Kapitalismus vollzieht sich in Deutschland – sofern man angesichts der offensichtlichen Nichtexistenz eines einheitlichen, nationalen Staatsgebildes überhaupt von Deutschland sprechen will – unter dem Hemmnis der Klein- und Kleinststaaterei, vollzieht sich mithin sehr langsam, weil die uneingeschränkte Eigenständigkeit der vielen Fürsten die Durchsetzung der neuen, sprich: kapitalistischen, Produktionsweise verzögert. Auch die Bauernkriege und der Dreißigjährige Krieg sind da nicht ohne Wirkung geblieben. Deutschland ist, im Gegensatz zu Frankreich etwa, rückständig. Dort hat die Zentralisierung der Staatsmacht (Paris) und in deren Gefolge des geistigen Lebens erheblichen Anteil an der Formierung der bürgerlichen Klasse, die sich spätestens mit der Großen Französischen Revolution von 1789 über die lokalen Grenzen hinaus in Europa zu Wort meldet. „Die großen europäischen Völker haben sich am Anfang der Neuzeit zu Nationen konstituiert. Sie ha-

---

42 Theodor W. Adorno: Ästhetische Theorie, S. 344 f.

ben ein einheitliches nationales Territorium herausgebildet an Stelle der feudalen Zerstückeltheit", schreibt Georg Lukács *Über einige Eigentümlichkeiten der geschichtlichen Entwicklung Deutschlands* und fährt fort: „es entstand bei ihnen eine das ganze Volk durchdringende und vereinigende nationale Kultur. In der Entwicklung der bürgerlichen Klasse, in ihrem Kampf mit dem Feudalismus ist überall vorübergehend die absolute Monarchie als durchführendes Organ dieser Einigung entstanden.

Deutschland hat gerade in dieser Übergangszeit einen anderen, einen entgegengesetzten Weg eingeschlagen."[43]

Nur äußerst zögernd kann unter den genannten Bedingungen die Konstituierung der bürgerlichen Klasse in Deutschland vonstatten gehen. Das Nebeneinander von feudaler und beginnender kapitalistischer Produktion hilft zudem die langwirkende Bedeutsamkeit des Adels für das aufsteigende Bürgertum erklären. Das Vorbild des höfischen Lebens scheint überstark. Lessing verurteilt noch in seiner *Hamburgischen Dramaturgie* jene das Bürgertum verleugnende Hinwendung an den Hof: „Die Nation ist zu eitel, ist in Titel und andere äußerliche Vorzüge zu verliebt; bis auf den gemeinsten Mann will alles mit Vornehmern umgehen; und Gesellschaft mit seinesgleichen ist so viel als schlechte Gesellschaft."[44] Hier spricht der bürgerliche Aufklärer, der die Folgen eines solch anbiedernden Verhaltens für die neue, aufstrebende Klasse in dem Trauerspiel *Emilia Galotti* exemplarisch gestaltet.

Die Entwicklung Deutschlands macht deutlich, wie schwer die Formierung eines bürgerlichen Selbstbewußtseins in der konkreten geschichtlichen Situation sich umsetzen läßt. So gerät bürgerliches Denken vorerst zu einer eigenartigen Vermischung mit höfischer Bildung. „Bis zu einem gewissen Grad führte diese Re-

---

43 Georg Lukács: op. cit., in: G. L.: Die Zerstörung der Vernunft, Bd. I: Irrationalismus zwischen den Revolutionen, Darmstadt/Neuwied 1973, S. 37.
44 Gotthold Ephraim Lessing: Hamburgische Dramaturgie, S. 62 (14. Stück).

zeption der adligen Lebensart zu einer merklichen Aufwertung des Bürgertums und damit zu einem — von der Aufklärung immer geforderten — Ausgleich zwischen den Ständen."[45]

Dies ist der Punkt, wo Johann Christoph Gottscheds Überlegungen ansetzen. Gottsched wendet sich an den Adel, wenn er von der Tragödie fordert, sie möge „Königen und Fürsten nützlich und erbaulich sein."[46] Gottsched aber ist gerade insofern auch Vorläufer und Vertreter bürgerlichen Klasseninteresses, als er den Fürsten auf die Vernunft, welche für Gottsched schon ein aufklärerischer Begriff ist, zu verpflichten sucht. In dessen gesellschaftlicher Stellung als Souverän und Herrscher sieht Gottsched die Möglichkeit zur Durchsetzung der Vernunft gegen jene sozialen Gruppierungen, die entgegen der Forderung der Zeit die Entfaltung eines fortschrittlichen Gemeinwesens nach dem Primat der Vernunft (d. h. nach dem Primat der Ökonomie) durch ihre reaktionär-feudalistische Haltung hemmen. „Die Stellung des Menschen in der Welt, die Art seiner Arbeit und seiner Freude, sollten nicht länger von irgendeiner äußerlichen Autorität abhängen, sondern von seiner eigenen freien und vernünftigen Tätigkeit. (. . .) Die Welt sollte zu einer Ordnung der Vernunft werden."[47]

Gottscheds Theaterreform, sein Bemühen auf dem Gebiet der *Regelpoetik* (Prinzip der drei Einheiten von Handlung, Raum und Zeit) nach französischem Vorbild zielt auf die Überwindung eines Theaters, das sich dem Jahrmarktspublikum allzu bedingungslos ausliefere: unter schmählicher Mißachtung der dramatischen Vorlage, ständig unterbrochen von Hanswurstiaden, die Gott-

---

45 Lessing. Epoche — Werk — Wirkung, hrsg. von W. Barner, G. Grimm, H. Kiesel, M. Kramer unter Mitwirkung von V. Badstübner, R. Kellner, U. Nowak, München 1975, S. 56.
46 Johann Christoph Gottsched: Die Schauspiele und besonders die Tragödien sind aus einer wohlbestellten Republik nicht zu verbannen, in: Dramaturgische Schriften des 18. Jahrhunderts, hrsg. von K. Hammer, Berlin/DDR 1968, S. 17.
47 Herbert Marcuse: Vernunft und Revolution. Hegel und die Entstehung der Gesellschaftstheorie, Darmstadt/Neuwied 1972, S. 15.

sched und mit ihm dem städtischen Bürgertum als deutliches Zugeständnis an die vermeintlich niedrige Gesinnung des Pöbels gelten, sei das Theater zum bloßen Spektakel heruntergekommen. Das Wandertheater geht nach Brot. Denn finanzielle Absicherung wird nur den französischen bzw. italienischen Gruppen zuteil, die im Dienst des Hofes und zu dessen Vergnügung spielen. Jeder deutsche Fürst, der auf sich hält, leistet sich sein Theater und umgibt sich mit jenem Gepränge, das dem Vorbild Versailles abgeschaut ist. Deutsche Spieltruppen sind da nicht gefragt, sie sind an das gemeine Volk verwiesen. Conrad Ekhof, einer der bedeutenden Schauspieler dieser Zeit, schildert die Situation: „Herumreisende Gauklertruppen, die durch ganz Deutschland von einem Jahrmarkt zum anderen laufen, belustigen den Pöbel durch niederträchtige Possen. Der Hauptfehler des deutschen Theaters war der Mangel an guten Stücken; die, welche man aufführte, waren gleich lächerlich vor dem Plane, als nach der Darstellung."[48]

Gottsched will das Theater auf seine erzieherische Funktion verpflichtet wissen: Die *Schaubühne als „weltliche Kanzel"*, so ein Schlüsselwort Gottscheds. Erste Voraussetzung dafür ist die Schaffung „einer regelmäßigen und wohleingerichteten Tragödie, nicht aber von denjenigen Mißgeburten der Schaubühne, die unter dem prächtigen Titel der Haupt- und Staatsaktionen mit untermischten Lustbarkeiten des Harlekins pflegen aufgeführt zu werden. Weit gefehlt, daß ich diese verächtliche Art der Schauspiele verteidigen und loben sollte; so muß ich sie vielmehr verabscheuen und verwerfen. Denn sie sind keine Nachahmungen der Natur, da sie sich von der Wahrscheinlichkeit fast überall entfernen. Sie sind nicht in der Absicht verfertigt, daß der Zuschauer erbauet werde. Sie erregen keine großen Leidenschaften, geschweige denn, daß sie selbige in ihre Schranken bringen sollten. Sie sind nicht fähig, edle Empfindungen zu erwecken oder die Gemüter der Zuschauer zu einer großmütigen Verachtung des Unglücks zu erhe-

---

48 Conrad Ekhof. Ein Schauspieler des achtzehnten Jahrhunderts, hrsg. von H. Fetting, Berlin/DDR 1954, S. 16.

ben, sondern sie befördern vielmehr die Kleinmut und Zaghaftigkeit durch die Beispiele ohnmächtiger und verächtlicher Helden. Kurz, man muß der Tragödie diejenigen Fehler gar nicht zurechnen, welche man in dieser Art ungereimter Schauspiele irgend wahrgenommen hat."[49] Angesichts des hohen Ziels (Erregung großer Leidenschaften und edler Empfindungen), das Gottsched dem zu errichtenden Theater abverlangt, wird die pauschale Verurteilung des deutschen Wandertheaters verständlich; dieses genügt mitnichten dem Anspruch nach sittlicher bzw. moralischer Erziehung seines Publikums. Gottsched, in Ermangelung eines nationalen Musters, adaptiert *die klassizistische französische Tragödie*. Deren Vorbildlichkeit gründet im Rückgriff auf Theorie und Praxis des antiken Theaters. (Die Auseinandersetzung namentlich mit Aristoteles wird auch konstitutives Moment bei der theoretischen Legitimierung des bürgerlichen Trauerspiels, und noch Brecht wird sich des Begriffs vom *nicht*-aristotelischen Theater zur Kennzeichnung seines epischen bedienen.) Der Einfluß des französischen Ideals bleibt also nicht beschränkt auf das Hoftheater, Gottscheds dramentheoretischer Versuch stellt sich nur allzu deutlich in die klassizistische Tradition der Corneille und Racine. (Die erste Arbeit für eine Bühne, *Der Sterbende Cato*, gehorcht nicht nur der Maxime der Regelpoetik; Gottsched entnimmt große Teile literarischen Vorlagen, dem *Cato* von Addison und dem *Caton d'Utique* von Deschamps, so daß Kritiker das Stück scherzhaft *Cato, der Dritte* nennen.)

Die gesellschaftliche Aufwertung des deutschen Theaters sieht Gottsched gebunden an die Hervorbringung einer neuen Dramatik. Seine eigene Dramenproduktion, die Übersetzungen und nicht zuletzt die Herausgabe der sechsteiligen Sammlung *Deutsche Schaubühne* sind mithin erste Schritte auf dem Wege zu einem eigenständigen nationalen Theater. Am Beispiel Lessing endlich wird sich dann um so eindringlicher erweisen, wie sehr *der Kampf um das Nationaltheater der Kampf*

---

49 Johann Christoph Gottsched: Die Schauspiele und besonders die Tragödien sind aus einer wohlbestellten Republik nicht zu verbannen, S. 16.

um das bürgerliche Drama ist. Gottsched bleibt letztlich jedoch fixiert auf das französische Ideal der klassizistischen Tragödie, die aber gerade als „lehrreiches moralisches Gedicht" kaum brauchbar ist. Denn die klassizistische französische Dramatik dient in hohem Maße und einzig der Eigenrepräsentation des Hofes, d. h. der Selbstbespiegelung. Gottsched unterschiebt ihr „eine allegorische Fabel, die eine Hauptlehre zur Absicht hat und die stärksten Leidenschaften ihrer Zuhörer als Verwunderung, Mitleiden und Schrecken zu dem Ende erreget, damit sie dieselben in ihre gehörige Schranken bringen möge."[50] Damit interpretiert er das Vorbild um, übernimmt jedoch dessen Form, um diese zum gültigen Prinzip jeder neuen Dramatik zu stilisieren. Was für Jahre deutscher Literaturentwicklung verhängnisvoll wirkt, ist die *ständemäßige Festschreibung der Dramatik,* Relikt des französischen Klassizismus. Sind der Tragödie die Vornehmen und die Großen vorbehalten, so „sind ordentliche Bürger oder doch Leute von mäßigem Stand, dergleichen auch wohl zur Not Barone, Marquis und Grafen"[51] Personal der Komödie. Die aktuelle soziale Frage des Bürgertums, dessen Konfrontation mit dem Feudalabsolutismus und Kampf um gesellschaftliche Anerkennung finden bei Gottsched ihren unmittelbaren ästhetischen Ausdruck nicht. Hier erweist sich Gottscheds einengender Blick beim Aufbau der Schaubühne. Sein Verdienst aber bleibt die, wenn auch am französischen Klassizismus ausgerichtete Zusammenstimmung von Dichtung und Theater. Die geforderten, regelmäßigen Schauspiele sind unabdingbare Voraussetzung für den Einsatz des Theaters als eines pädagogischen Instruments. Der sich in diesem Anspruch äußernde, aufklärerische Optimismus entspringt einem objektiven Bedürfnis der aufsteigenden Klasse nach Selbsterziehung. Mit und durch Gottsched formulieren Bürgerliche gleichsam „im

---

50 Ebda., S. 15.
51 Johann Christoph Gottsched: Versuch einer kritischen Dichtkunst, in: Dramaturgische Schriften des 18. Jahrhunderts, S. 53.

Auftrage des Landesherren die Gedanken, die alsbald ihre eigenen sind und sich gegen jenen richten."[52]

In Lessing erhält das Bürgertum einen ersten hervorragenden Repräsentanten bürgerlicher Aufklärung. Lessings Dramentheorie und -praxis vereinen *ästhetische* und *politische Momente* zu einem *klassenspezifischen Standpunkt des Theaters,* das dem Bürgertum zugleich Programm wie Anspruch ist. Hier nämlich bricht sich eine theatralische Avantgarde Bahn, deren vorbildhaft-bürgerliche Haltung die Bewußtwerdung des Bürgertums als Klasse indiziert. Drama und Aufführung, sprich: das Theater, stellen sich in den Dienst der aufsteigenden Klasse. Der Nationaltheatergedanke ist exemplarischer Ausdruck der neuen Funktionszuweisung: das Theater wird „zur Tribüne der neuen bürgerlichen Ideen, zum Forum der Auseinandersetzungen zwischen Bürgertum und Feudalabsolutismus."[53] Daß der Versuch mit dem Hamburger Nationaltheater letztlich scheitert, ändert nichts an dessen Wichtigkeit für die Schärfung bürgerlichen Klassenbewußtseins, wenngleich sich darin auch die immer noch schwache Position des Bürgertums zeigt. Einzig an solch exponierten Orten wie Hamburg, Bremen, die ihre wirtschaftlich günstige Situation der Verlagerung des Handels vom Mittelmeer an den Atlantischen Ozean verdanken, und der Messestadt Leipzig kann sich das Bürgertum überhaupt in seiner kulturellen Führungsrolle darstellen. So sind es denn wohlhabende Hamburger Bürgersleute, die dem Nationaltheaterunternehmen das zur Gründung notwendige Kapital vorschießen.

Die *Hamburgische Dramaturgie* Lessings, unmittelbar zusammenzusehen mit dessen Arbeit am Nationaltheater, stellt ein historisch bedeutsames Dokument in der Entwicklung bürgerlicher Kultur dar. Die dramaturgischen Blätter begleiten nicht nur kri-

---

52 Jürgen Habermas: Strukturwandel der Öffentlichkeit. Untersuchungen zu einer Kategorie der bürgerlichen Gesellschaft, 5. Aufl. Neuwied/Berlin 1971, S. 40.
53 Klaus Hammer: Nachwort, in: Dramaturgische Schriften des 18. Jahrhunderts, S. 483.

tisch den Hamburger Versuch, sie stehen in direkter Beziehung zu Lessings eigenem dramatischen Werk. Das darin zutage tretende theaterkritische Bewußtsein bildet das produktive Fundament einer im Horizont bürgerlicher Aufklärung entworfenen Wirkungsästhetik.

Lessing orientiert die Entfaltung des Dramas auf die Tragödie. Zurückgreifend auf den Aristotelischen Katharsisbegriff und diesen gegen eine klassizistische Rezeption für seine Zwecke umdeutend, will Lessing die Tragödie zur „Verwandlung der Leidenschaften in tugendhafte Fertigkeiten."[54] Diese *tugendhaften Fertigkeiten* wiederum verstehen sich nur zu deutlich als *bürgerliche Absetzung von den Verlockungen des Adels,* die nicht selten Anlaß geben für die unmittelbare Konfrontation Bürgertum Adel. So artikuliert Odoardo Galotti sein Unbehagen, die Gattin und die Tochter Emilia in nächster Nachbarschaft des Prinzen zu wissen, und lastet diesen Umstand gar der „eitle(n), törichtige(n) Mutter" Emilias an: „Du möchtest meinen alten Argwohn erneuern: — daß es mehr das Geräusch und die Zerstreuung der Welt, mehr die Nähe des Hofes war als die Notwendigkeit, unserer Tochter eine anständige Erziehung zu geben, was dich bewog, hier in der Stadt mit ihr zu bleiben — fern von einem Manne und Vater, der euch so herzlich liebet."[55] Lessing fordert nachgerade mit dem Stück *Emilia Galotti* die Bürgerlichen auf, der höfischen Unmoral, Menschenverachtung und wollüstigen Verführung in der Besinnung auf die antifeudalistischen Qualitäten der *Tugend* zu begegnen. „Tugend und Laster sind nicht mehr moralische Begriffe, sondern reden eine soziale Zeichensprache. Tugend bedeutet die Moral der unterdrückten Klasse. Laster bedeutet die Unmoral der herrschenden Klasse. Tugend ist die Menschenwürde der sozial Rechtlosen; hinter der Menschenlarve der Herrschenden verbirgt

---

54 Gotthold Ephraim Lessing: Hamburgische Dramaturgie, S. 320 (78. Stück).
55 Gotthold Ephraim Lessing: Emilia Galotti. Ein Trauerspiel in fünf Aufzügen, Stuttgart 1973, S. 22 f.

sich das triumphierende Laster."[56] Daß das Verdikt des Lasterhaften nicht allein bezogen ist auf des Prinzen Gonzaga Liebschaften, sondern dessen politische Verantwortungslosigkeit ebenso scharf benennt, zeigt schon das Ende des ersten Aufzuges. Gonzaga verfügt über Menschenleben, als seien sie ein Nichts. Einer Bittstellerin wird geholfen, weil sie zufällig denselben Vornamen trägt wie jene vom Prinzen leidenschaftlich begehrte (und doch auch nur wieder als Mätresse zu benutzende) Emilia Galotti. Oder: da in großer Eile, will er das ihm von einem seiner Räte, Camillo Rota, vorgelegte Todesurteil „geschwind" unterzeichnen. Doch jener erschrickt ob der Kaltsinnigkeit des Prinzen und gibt vor, das entsprechende Dokument nicht bei den Akten zu haben: „Ich hätt' es ihn in diesem Augenblicke nicht mögen unterschreiben lassen, und wenn es den Mörder meines einzigen Sohnes betroffen hätte."[57]

Nach dieser Einführung des Prinzen ist es nicht verwunderlich (und entspricht der inneren Wahrscheinlichkeit der dramatischen Handlung), aus dessen Munde nach dem bestellten Mord am Grafen Appiani, dem designierten Gatten der Emilia und deshalb größten Hindernis für Gonzagas Ansinnen, folgende Worte zu hören: „Der Tod des Grafen ist für mich ein Glück – das größte Glück, was mir begegnen konnte – das einzige Glück, was meiner Liebe zustatten kommen könnte. (. . .) Ein Graf mehr in der Welt oder weniger! (. . .) Topp! auch ich erschrecke vor einem kleinen Verbrechen nicht."[58]

Liebe? Wie kontrastiert eine solchermaßen erkaufte und erzwungene Liebe zu der eines „zärtlichen Gatten" – wie der Höfling Marinelli den Grafen Appiani ironisch und zugleich abwertend tituliert, womit aber auch dessen *Verhalten als bürgerliches* charakterisiert ist. Zärtlichkeit korrespondiert der Empfindsam-

---

56 Paul Rilla: Lessing und sein Zeitalter, München 1973, S. 276.
57 Gotthold Ephraim Lessing: Emilia Galotti, S. 18.
58 Ebda., S. 51.

keit, muß auf dem Hintergrund der Klassenpolarität Adel Bürgertum in der *Emilia Galotti* als eine Form der Empfindsamkeit interpretiert werden. Mehr noch! „Empfindsamkeit im Kontext der Aufklärung ist in die Aufstiegsbewegung des Bürgertums eingebunden."[59] Hier findet die von Lessing propagierte, moralisch-sittliche Haltung ihr politisches Komplement. Die ideologische Versicherung des aufsteigenden Bürgertums erhält also durchaus fortschrittlichen Klassencharakter, indem sie nämlich die neuen Leitbegriffe Fleiß, Sparsamkeit und Natürlichkeit gegen die feudalen Maximen des Müßiggangs, Luxus und Exzesses (Verschwendung) bestätigt. Die für das Bürgertum zentralen Wahrheiten werden — wenn auch vorerst nur auf dem Theater — in ihr Recht gesetzt. Die *Darstellung und Erprobung bürgerlicher Tugend* materialisieren so zu Kampfpositionen in der Auseinandersetzung mit der feudalaristokratischen Ideologie und Lebensweise.

Noch in dem Briefwechsel mit Mendelssohn und Nicolai über das Trauerspiel fordert Lessing von der Tragödie die Erweiterung der Mitleidsfähigkeit beim Zuschauer, denn *„der mitleidigste Mensch ist der beste Mensch,* zu allen gesellschaftlichen Tugenden, zu allen Arten der Großmut der aufgelegteste."[60] Mitleiden genügt sich also nicht an sich selbst, Mitleid ist als Ausdruck emotionaler Erregung über diese hinaus auf das tägliche Leben gerichtet. Der Zweck der Tragödie ist die Sensibilisierung des Zuschauers, die im Theater sich für dessen gesellschaftliche Praxis stabilisieren möge. Deshalb präzisiert Lessing selbst jene Erregung im Rückgriff auf Aristoteles als die Erregung von Mitleid *und* Furcht. Mitleid allein „ist kein Ingredienz der Furcht für uns selbst. Sobald die Tragödie aus ist, höret unser Mitleid auf, und nichts bleibt von allen den empfundenen Regungen in uns zurück, als die

---

59 Gerhard Sauder: Empfindsamkeit, Bd. I: Voraussetzungen und Elemente, Stuttgart 1974, S. XIII.
60 Lessing an Nicolai, 13. November 1756, in: Lessing, Mendelssohn, Nicolai: Briefwechsel über das Trauerspiel, hrsg. von J. Schulte-Sasse, München 1972, S. 55.

wahrscheinliche Furcht, die uns das bemitleidete Übel für uns selbst schöpfen lassen. Diese nehmen wir mit."[61] *Furcht und Mitleid* sind einander unmittelbar verknüpft: „Furcht ist das auf uns selbst bezogene Mitleid."[61a] Gert Mattenklott und Klaus Scherpe haben in diesem Zusammenhang darauf hingewiesen, daß damit in der *Hamburgischen Dramaturgie* eine zusätzliche Gewichtung vorgenommen ist. „Mit der ‚Furcht für uns selbst' als notwendigem Element der höheren Form des Mitleids steigt die Theorie aus der Region des sich selbst fühlenden Gattungswesens in das bürgerliche Parkett."[62] Jetzt nämlich könne nicht mehr jedes Leiden überhaupt Gegenstand der Tragödie sein, um Mitleid zu erzeugen; die Affizierung jenes „sympathische(n) Gefühl(s) der Menschlichkeit"[63] hat die soziale Konkretisierung zu ihrer Voraussetzung: der Dichter mache den Mitleidswürdigen nicht schlimmer, „als wir gemeiniglich zu sein pflegen", so Lessing im 75. Stück der *Hamburgischen Dramaturgie,* und er fährt fort, indem er die Ähnlichkeit des Helden mit dessen Zuschauer betont: „Aus dieser Gleichheit entstehe die Furcht, daß unser Schicksal gar leicht dem seinigen ebenso ähnlich werden könne, als wir ihm zu sein uns selbst fühlen; und diese Furcht sei es, welche das Mitleid gleichsam zur Reife bringe."[64]

Hier endlich löst sich Lessings Wirkungsästhetik im Bild vom *gemeinsamen Mitleiden* des bürgerlichen Publikums ein. Die Solidarität, die als Erfahrung im Theater sich einstellt, erwächst aus

---

61 Gotthold Ephraim Lessing: Hamburgische Dramaturgie, S. 314 (77. Stück).
61a Ebda., S. 306 (75. Stück).
62 Gert Mattenklott/Klaus Scherpe (Hrsg.): Westberliner Projekt: Grundkurs 18. Jahrhundert. Die Funktion der Literatur bei der Formierung der bürgerlichen Klasse Deutschlands im 18. Jahrhundert, Kronberg/Ts. 1974, S. 160.
63 Gotthold Ephraim Lessing: Hamburgische Dramaturgie, S. 312 (76. Stück).
64 Ebda., S. 308 (75. Stück).

der Übereinstimmung von Held und Zuschauer. Beiden droht — jenem im fiktiven Leben, diesem im realen — die Verunsicherung des bürgerlichen Lebens. Über den Ort, von dem jene Bedrohung ausgeht, besteht Einvernehmen: es ist der Hof. Lessing selbst verstärkt innerhalb seiner Dramen die soziale Zeichnung der Figuren und ihrer Handlungen bzw. Haltungen. War so in der *Miss Sara Sampson* der Konflikt noch nicht eindeutig in seinem gesellschaftlichen Bezug konkretisiert, so gelingt diese Verdeutlichung mit der *Emilia Galotti* durch die Darstellung der verschiedenen Klassen und deren Konfrontation. Zwar ist für die Interpretation der Sampson-Familie das höfische Gegenbild im Stück eingebaut, dies jedoch auf sehr vermittelter Ebene. Mellefont, der Sara verführte und mit ihr nun auf der Flucht, verbrachte sein bisheriges Leben „in der nichtswürdigsten Gesellschaft von Spielern und Landstreichern", und der Diener Norton läßt keinen Zweifel darüber, wer damit gemeint ist: „ich nenne sie, was sie waren, und kehre mich an ihre Titel, Ritter und dergleichen, nicht."[65] Auch die im Stück durchgängige Polarität von *Natürlichkeit* und *Verstellung* erklärt sich erst im Koordinatensystem Adel Bürgertum. Intrige ist die einzige Möglichkeit, am Hofe zu reüssieren. Jeder dort spielt seine Rolle mit kalter Niedertracht. „Nur der Pöbel", so Mellefont gegen Norton, „wird gleich außer sich gebracht, wenn ihn das Glück einmal anlächelt." Norton: „Vielleicht, weil der Pöbel noch sein Gefühl hat, das bei Vornehmern durch tausend unnatürliche Vorstellungen verderbt und geschwächt wird."[66] Das Gefühl, Grundbefindlichkeit für wirklich menschliches Verhalten, ist jeder Verstellung überlegen; es verlangt Achtung des anderen, weil auch dieser andere Mensch ist. Damit aber repräsentiert bürgerliches Gefühl eine Qualität der Menschenliebe, die der neuen Ge-

---

[65] Gotthold Ephraim Lessing: Miss Sara Sampson. Ein Trauerspiel in fünf Aufzügen, Stuttgart 1966, S. 7.
[66] Ebda., S. 61.

sellschaft zum Leitbild gereiche. Unter diesem Blickwinkel erscheint gar Mellefont nicht zuletzt deshalb als bemitleidenswert, weil er, einmal durch die Schule der unmoralischen (höfischen) Welt gegangen, diese seine Vergangenheit nicht ganz überwinden kann. Der eigentliche Konflikt jedoch bleibt, eigentümlich abstrakt, der Zusammenstoß von Tugend und Laster, welcher sich am Vorbild des altruistischen Vaters endlich im Entwurf einer neuen Familie harmonisch beschließt. Daß eine derart nach innen zusammengestimmte Lösung in der *Emilia Galotti* nicht mehr möglich und auch nicht intendiert ist, erklärt sich nachgerade in der standesmäßigen Zeichnung des tragischen Konflikts und dessen handlungstragenden Figuren. Obwohl – wie Barner u. a. betonen[67] – diese nicht eigentlich klassenmäßig, d. h. zugleich klassenantagonistisch (im Sinne Bürgerstand versus Adelstand) festgeschrieben scheinen, stellt sich deren *soziale Repräsentanz* doch ein. Sie resultiert aus einer den Personen unterlegten Haltung: auf der einen Seite Emilias Vater, an dessen moralisch-sittlichem Charakter Emilia mit letzter Konsequenz lernt, daß Tugend, sprich die bürgerliche Ehre, ständig verteidigt werden will, auf der anderen der Prinz, dessen lasterhaft-wollüstige Begierde und anmaßender Egoismus Anlaß sind für die über die Familie Galotti hereinbrechende Katastrophe. Der Widerspruch zwischen Tugend (Emilia) und Laster (Prinz) wird von Lessing eindeutig zum Kampf gegen Recht und Unrecht erweitert. Des Prinzen Verhalten entbehrt jeder (auch sittlich-moralischen) Legitimierung. Der Prinz lebt einer menschenverachtenden und -zerstörenden Selbstgefälligkeit. Emilia wird Opfer der von außen einstürzenden Despotenwillkür. War

---

67 Lessing. Epoche – Werk – Wirkung, S. 177 f. Die Autoren betonen, daß schon aus dem Personenregister deutlich werde: „Die aufgeführten Personen gehören alle der Gesellschaft eines fürstlichen Hofes an. Ein Gewerbe und Handel treibendes Bürgertum ist nicht vertreten. (...) Die Familienproblematik ist das zentrale Thema." (Ebda.)

bei der *Sara Sampson* der Ausgangspunkt noch der Widerstreit zwischen väterlichem Anspruch auf die uneigennützige Liebe der Tochter und deren Forderung nach freier, d. h. autonomer Wahl des Partners, so reicht diese Problematik in der *Emilia Galotti* nicht mehr zur Entfaltung einer dramatischen Handlung. Innerhalb der Familie ist die gegenseitige Verantwortlichkeit längst geregelt. Odoardo begegnet den Klagen seiner Gattin, mit der Hochzeit Emilias verliere man die einzige Tochter: „Was nennst du, sie verlieren! Sie in den Armen der Liebe zu wissen? Vermenge dein Vergnügen an ihr nicht mit ihrem Glücke."[68] Damit ist Emilias Anrecht auf Glück völlig akzeptiert. Nicht allein der Propagierung harmonischer Geselligkeit im Familienverband dient das späte bürgerliche Trauerspiel; in diesem Stück steht die Familie (als Paradigma bürgerlicher Sozietät) dem Hof, d. i. dessen aggressivunmoralischem Lebenswandel gegenüber, und Lessings Interesse gilt dem gesellschaftlichen Konflikt zwischen feudalabsolutistischer und bürgerlicher Welt.

Lessings wirkungsästhetische Dramenkonzeption hat — wie oben bereits angedeutet — die Katharsis, *Reinigung von Furcht und Mitleid* in ihrem Zentrum. Es ist ebenso schon darauf hingewiesen worden, daß gleichsam identifikatorische Grundlage für das Gelingen der Katharsis die Ähnlichkeit des Helden mit dem Zuschauer ist. Jener möge „vollkommen so denken und handeln (...), als wir in seinen Umständen würden gedacht und gehandelt haben, oder wenigstens glauben, daß wir hätten denken und handeln müssen."[69] Ziel dieser auf die Rezeption gerichteten Anweisung ist die politische Inanspruchnahme der Tragödie. Sie dient bekanntlich der „Verwandlung der Leidenschaften in tugendhafte Fertigkeiten" (siehe oben). *Damit ist der Aristotelische*

---

68 Gotthold Ephraim Lessing: Emilia Galotti, S. 22.
69 Gotthold Ephraim Lessing: Hamburgische Dramaturgie, S. 308 (75. Stück).

Katharsisbegriff[70] um eine *sozial-ethische Dimension durch Lessing verlängert*. Der im Theater initiierte, emotional gesteuerte Prozeß, die Aktivierung von Furcht und Mitleid und die Reinigung eben dieser Leidenschaften, bewährt sich in dem Maße, wie er gesellschaftlich faßt, d. h. den realen Problemen jenseits des Theaters handlungsleitend vorausgeht. Jetzt wird auch einsehbar, warum Lessing dem *vorbildhaften Helden* das Wort redet. Denn an ihm und durch ihn lerne der bürgerliche Mensch, sich der eigenen Überlegenheit bewußt zu werden, vertritt dieser doch die Menschlichkeit gegen die Unmenschlichkeit. Lessing verurteilt deshalb durchaus folgerichtig den Märtyrer im christlichen Trauerspiel, „der sich mutwillig ohne alle Not, mit Verachtung aller seiner bürgerlichen Obliegenheiten in den Tod stürzet."[71] Zur Verstärkung der Identifikation mit dem — wenn man so will — positiven Helden besteht Lessing auf der inneren Wahrscheinlichkeit der dramatischen Handlung, welche zugleich wiederum Voraussetzung ist für die Erzeugung der Illusion im Theater. Illusion nämlich sei jenes theatralische Mittel, das das Mitleiden um so

---

70 Nachgerade Wolfgang Schadewaldt (Furcht und Mitleid?, in: Hermes 83, 1955, S. 129 ff.) hat auf die poetologische Unterschiedlichkeit von Aristoteles und Lessing hingewiesen. Aristoteles verwende den Begriff der *Katharsis* im eigentlich medizinischen Sinne der Erleichterung bzw. Entlastung. Lessings Trauerspieltheorie könne sich also mitnichten auf die *Poetik* des Aristoteles berufen, vielmehr bediene sich Lessing deren Autorität nur zur Absicherung der eigenen Thesen. So richtig dieser sachdienliche Hinweis ist, ändert er doch nichts an Lessings methodischem Vorgehen: „Lessing nahm Aristoteles nicht beim *Wort*, sondern bei der *Methode*" (Lessing. Epoche — Werk — Wirkung, S. 158). Darüber hinaus gehorcht Lessing auch einem Gebot der Zeit, der Auseinandersetzung mit dem (französischen) Klassizismus, die eigentlich und letztendlich die Auseinandersetzung mit Aristoteles ist (vgl. dazu bes. Lessings Kritik an Corneilles Aristotelesrezeption, *Hamburgische Dramaturgie*, S. 308 ff. — 75. Stück).
71 Gotthold Ephraim Lessing: Hamburgische Dramaturgie, S. 13 (1. Stück).

stärker ermöglicht, je konsequenter Dichter und Schauspieler diese erzeugen. Deshalb habe alles zu unterbleiben, was Illusion zerstören könne, denn sobald die Zuschauer „daran erinnert sind, so ist sie weg."[72] *Für Lessing ist das Illusionstheater also Bedingung für die kollektive Katharsis,* die den Bürger zur Bewältigung seiner gesellschaftlichen Aufgaben befähigen soll.

3. Das epische Theater

Daß solche, dem bürgerlichen Bewußtsein verpflichtete Dramatik ein ihr entsprechendes Theater nach sich zieht, zeigt sich nachgerade und äußerst sinnfällig am Hamburger Nationaltheater. Überhaupt sind die Versuche, stehende Häuser (im Gegensatz zu den Wanderbühnen) aufzubauen, sicher nicht nur vordergründiger Ausdruck dieses Sachzwanges. Gerichtet auf ein bürgerliches Publikum, hat sich das Drama an diesem zu bewahrheiten. Es führe vor, was dem objektiven Bedürfnis dieser Klasse nach Selbstdarstellung entspricht. Soll im und mittels Theater gerade das Gefühl der Gemeinsamkeit im Kampf gegen den Adel verstärkt werden, so sei der Ort des Zusammentreffens *Gemeinschafts*raum. Das eigene (Theater)-Haus manifestiert nach außen die reklamierte Eigenständigkeit des Bürgertums, dessen Willen nach politischer Verantwortung. Auch die Form des Illusionstheaters ist eine durch und durch bürgerliche Forderung, die einem gleichsam ästhetischen Pragmatismus entspringt. Im Prozeß der Identifikation mit dem Helden lerne der Zuschauer, seine soziale Pflicht zu erkennen und ihr innerhalb der Gesellschaft nachzukommen. „Diese Einfühlung (Identifikation), ein gesellschaftliches Phänomen, das für eine bestimmte geschichtliche Epoche einen großen Fortschritt bedeutete, wird zunehmend ein Hindernis für die weitere Entwicklung der gesellschaftlichen Funktion der darstellen-

---

72 Ebda., S. 174 (72. Stück).

den Künste. Das heraufkommende Bürgertum, das mit der wirtschaftlichen Emanzipation der Einzelpersönlichkeit die Produktivkräfte zu mächtiger Entfaltung brachte, war an dieser Identifikation in seiner Kunst interessiert. Heute, wo die ‚freie' Einzelpersönlichkeit zum Hindernis einer weiteren Entfaltung der Produktivkräfte geworden ist, hat die Einfühlungstechnik der Kunst ihre Berechtigung eingebüßt."[73] Diese Einschätzung wird allein verständlich auf dem Hintergrund marxistischen Denkens. Bertolt Brecht charakterisiert hier eine historische Phase samt ihrer ideologischen Manifestation (bürgerliches) Theater aus dem Blickwinkel einer Gesellschaftswissenschaft, die soziale Systeme auf Entstehung und Funktion durchleuchtet. Wenn also das aufsteigende Bürgertum im Zusammenhang mit der ökonomischen Entfaltung der ‚freien' Einzelpersönlichkeit gesehen wird, so ist damit zugleich das dieser Entwicklung zugrunde liegende Prinzip des Kapitalismus gemeint. Bekanntlich hat dessen Produktionsweise das freie und autonome Individuum zu ihrer Voraussetzung, das aber letztendlich in historischer Konsequenz als Lohnarbeiter auftritt, als jenes Individuum mithin, das nichts anderes besitzt als die Arbeitskraft. Karl Marx hat in seinen Schritten auf den gewaltigen Fortschritt hingewiesen, den diese Form der Produktion zur Folge habe: den ungeheuren Reichtum der Gesellschaft. Zugleich aber werde dieser Reichtum innerhalb der bürgerlichen Gesellschaft einzig und notwendigerweise privat angeeignet. Dieses Produktionsverhältnis jedoch gerate zwangsläufig zur Fessel bei der Entwicklung der Produktivkräfte, d. h. jener objektiven Faktoren, denen der gesellschaftliche Fortschritt zu verdanken sei. — „Die Einzelpersönlichkeit hat ihre Funktion an die großen Kollektive abzutreten, was unter schweren Kämpfen vor unsern Augen vor sich geht. Vom Standpunkt der Einzelpersönlichkeiten aus können die entscheidenden Vorgänge unseres Zeitalters nicht

---

73 Bertolt Brecht: Thesen über die Aufgabe der Einfühlung in den theatralischen Künsten, in: B. B.: Gesammelte Werke, Bd. 15, Frankfurt/M. 1967, S. 244.

mehr begriffen, durch Einzelpersönlichkeiten können sie nicht mehr beeinflußt werden. Damit fallen die Vorteile der Einfühlungstechnik, jedoch fällt mit der Einfühlungstechnik keineswegs die Kunst."[74]

Es kann kein Zweifel aufkommen, daß Brecht die Einsatz- bzw. Verwendungsmöglichkeiten der Kunst (und da natürlich besonders des Theaters) in Abhängigkeit sieht von der gesellschaftlichen Realität und weniger von kunstimmanenten Fragen. Auch deshalb interpretiert er durchaus folgerichtig die Einfühlungstechnik als ästhetisches Kunstmittel einer Epoche, die durch die Aktivität und den Tatendrang gerade des bürgerlichen Individuums (Prototyp: der Kaufmann) gekennzeichnet ist. Dieses Individuum hat im Laufe der Entwicklung, d. h. mit fortschreitender Stabilisierung der kapitalistischen Gesellschaft seine ‚weltbewegende' Bedeutung eingebüßt. Die Kämpfe um die politische Herrschaft in der Neuzeit legitimieren sich nicht mehr im Rekurs auf das Individuum, die proletarische Klasse meldet sich als gesellschaftliche Kraft zu Wort. Das dokumentieren für Deutschland insbesondere der November 1918 und die Versuche von Räterepubliken im Gefolge der russischen Oktoberrevolution. Sie hatte bewiesen, daß ein Sieg über den Kapitalismus möglich war. Der allgemeine revolutionäre Aufschwung zieht verständlicherweise die jungen, mit dem Trauma des 1. Weltkrieges belasteten Künstler in den Bann. „Wir sind Sozialisten, d. h., wir sehen in der Vergesellschaftung der Produktionsmittel und in der Erreichung einer klassenlosen Gesellschaft die innerlichen Voraussetzungen für die ungehemmte Entfaltung aller menschlichen Kräfte. Für uns ist das Buch, die Zeitung, der Film und auch das Theater ein Mittel, die Welt von heute zu kritisieren und die von morgen vorzubereiten."[75] Denn die Wilhelminische Monarchie ist zwar gestürzt, doch die gesellschaftlichen Grundlagen haben sich mit der Errichtung der Weimarer Republik nicht verändert.

---

74 Ebda., S. 244 f.
75 Erwin Piscator: Das Politische Theater, in: E. P.: Aufsätze, Reden, Gespräche. Schriften, Bd. 2, Berlin/DDR 1968, S. 28.

Erwin Piscator ist einer der ersten Vertreter eines fortschrittlichen Theaters, das sich in den Dienst der Arbeiterbewegung stellt. Solch ein Theater „kann im Zeitalter des 20. Jahrhunderts, des sozialen Ringens, der russischen Revolution und des Befreiungskampfes der europäischen, asiatischen und afrikanischen Arbeiter, Bauern und Heloten nur ein proletarisches sein."[76] Alle Experimente, die Piscator während der Weimarer Republik unternimmt, orientieren sich an diesem Leitsatz. Piscator ist zu allererst Theaterpraktiker, wenn er, auch zusammen mit seinem Stab, dem sogenannten Piscator-Kollektiv, Stücke bearbeitet und umschreibt. Immer bemüht er sich, mit dem Theater Stellung zu nehmen. Piscator schaltet sich nicht selten in die Diskussion um aktuelle Fragen der Tagespolitik ein, so indem er z. B. im Auftrage der Kommunistischen Partei anläßlich der Reichstagswahlen von 1924 die *Revue Roter Rummel* oder im Juli 1925 zur Eröffnung des KPD-Parteitages die Chronik *Trotz alledem!* in Szene setzt. In diesen Zusammenhang gehört sicherlich auch die Uraufführung von Carl Credés *§ 218 (Frauen in Not)*. Piscator versteht seine Arbeit als politische Information bzw. Agitation. Er will in die Klassenkämpfe unmittelbar eingreifen. Brecht, in dieser Zeit einer seiner Mitarbeiter, charakterisiert später Piscators Theaterversuche: „Ich habe an allen seinen Experimenten teilgenommen, und es wurde kein einziges gemacht, das nicht den Zweck gehabt hätte, den Lehrwert der Bühne zu erhöhen."[77]

Mit dem Begriff des *Lehrwerts* ist einer der Berührungspunkte zwischen Piscator und Brecht benannt. Beide wollen mit dem Theater die gesellschaftliche Realität kritisieren mit Blick auf deren Veränderung. Wer aber kritisiert, sollte über die wirklichen Verhältnisse im Bilde sein. „Die Kritik der Gesellschaft ist die Revolution. Das ist zu Ende gebrachte, exekutive Kritik."[78] Brecht

---

76 Erwin Piscator: Bühne der Gegenwart und Zukunft, ebda., S. 32.
77 Bertolt Brecht: Über experimentelles Theater, GW, Bd. 15, S. 289.
78 Bertolt Brecht: Ist die kritische Haltung eine unkünstlerische Haltung?, GW, Bd. 15, S. 378.

verharrt mithin bei seiner Forderung nach kritischem Theater nicht auf der Ebene einer bloß phänomenologischen Betrachtung. Er sieht jene neue Qualität des Theaters notwendig eingebunden in den gesamtgesellschaftlichen Prozeß: *für ihn steht die realistische, weil die Realität kritisierende Haltung des Theaters in logisch-historischem Zusammenhang mit der revolutionären Klasse.* Kritik also wird vorrangig begriffen als die auf gesellschaftliche Veränderung gerichtete Tat. „Soweit solche Kritik überhaupt eine Klasse vertritt, kann sie nur die Klasse vertreten, deren geschichtlicher Beruf die Umwälzung der kapitalistischen Produktionsweise und die schließliche Abschaffung der Klassen ist — das Proletariat."[79] Kritik — wie Brecht sie im Lichte des Marxismus versteht — impliziert Handeln. Brecht will „die Kunst des *praktischen* Negierens, also einer Kritik, die, der Entwicklungsgesetze eingedenk, im Hinblick auf eine bestimmte mögliche Lösung kritisiert."[80] Der historische Materialismus ist dabei Brechts Rüstzeug. So wie jene Theorie eben nicht nur die gesellschaftliche Wirklichkeit beschreibt, diese vielmehr in ihrem Wesen erklärt, so beabsichtigt Brecht, sein Theater in dem Sinne einzusetzen, daß es vorführt nicht *was* ist, sondern *warum* es so ist. Denn „der heutige Mensch weiß wenig über die Gesetzmäßigkeiten, die sein Leben beherrschen."[81] War Piscator angesichts des Mangels an realistischer Dramatik zu dem ‚Ausweg' der *soziologischen Dramaturgie* (wie er selbst seine Versuche mit dem politischen Theater zusammenfassend bezeichnet) gezwungen, bemüht sich Brecht um die Entwicklung eines Dramas, das den Anforderungen der Zeit genügt und damit zugleich auch Basis für ein fortschrittliches Theater ist. Piscator baute das Theater um, verlegte den Spielort,

---

[79] Karl Marx: Das Kapital. Kritik der politischen Ökonomie, in: Marx/Engels WERKE, Bd. 23, Berlin/DDR 1969, S. 22.
[80] Bertolt Brecht: Ableitung der drei Sätze in Korschs *Why I am a Marxist* aus der Dialektik, GW, Bd. 20, S. 71 (Hervorh. von den Verf.).
[81] Bertolt Brecht: Über experimentelles Theater, GW, Bd. 15, S. 295.

benutzte Dreh- und Segmentbühnen, laufende Bänder; d. h. er erweiterte die technischen Möglichkeiten des Theaterapparats — dies alles aber, um das jeweilige Stück in dessen historischem Kontext zu verdeutlichen, es zum sozialen Paradigma zu erheben. Brecht hingegen verändert das Drama und damit langfristiger das Theater. *Das epische Theater organisiert das Verhältnis von Drama und Theater unter der Maxime der Aktivierung des Zuschauers neu.* Dazu sind allerdings Umbauten verschiedenster Art vonnöten.

Nun kann das Theater durch den Einschub von Dokumenten — sei es in Form von Filmprojektionen, sei es in Form von Tonaufzeichnungen — mit der Realität konfrontieren zum Zwecke der politischen Aufklärung. Die Fakten sprächen für sich. Doch bliebe das so belehrte Publikum mit dem dargebotenen Material sozusagen allein, wäre gar schlimmstenfalls eingeschüchtert und verhalte sich endlich passiv. Hier aber erst stellt sich die eigentliche Aufgabe eines kritischen, d. h. nämlich immer auch zur Kritik befähigenden Theaters. Es hat sein Publikum über die Versinnlichung eines erkenntnisträchtigen Stoffes zur Anwendung der Erkenntnis instand zu setzen. Die Kritik, die solch ein Theater an die Verhältnisse heranträgt, geht über das Theater hinaus, dient der *Meisterung der Realität.* Die „kritische Haltung des Zuschauers (und zwar dem Stoff gegenüber, nicht der Aufführung gegenüber) darf nun nicht etwa als rein rationale, rechnerische, neutrale, wissenschaftliche Haltung angesehen werden. Sie muß eine künstlerische, produktive, genußvolle Haltung sein."[82] Brecht selbst begegnet damit möglichen Einwänden, die größtenteils auf Mißverständnissen seinem Theater gegenüber beruhen. Das epische Theater will gerade die Waage halten zwischen Belehrung und Unterhaltung: „Die Beschäftigung mit der Wirklichkeit setzt die Phan-

---

82 Bertolt Brecht: Aus einem kleinen Gespräch mit dem ungläubigen Thomas, GW, Bd. 15, S. 275.

tasie erst in den rechten genußvollen Gang. Heiterkeit und Ernst leben in der Kritik auf, die eine schöpferische ist."[83]

Es ist inzwischen Allgemeingut, daß Brecht das epische Theater in deutlicher Absetzung, ja fast Gegnerschaft zu Aristoteles formuliert. Doch indem er sich mit diesem Vorbild auseinandersetzt bzw. auseinandersetzen muß, akzeptiert Brecht indirekt die Vormachtstellung jener poetologischen Normen, die in der Geschichte des Dramas wie des Theaters Tradition haben. Doch da Brecht immer bemüht ist, historisch zu argumentieren, d. h. diese Richtlinien für die dramatische Arbeit in ihrem geschichtlichen Zusammenhang zu sehen, gelingt ihm eine kritische Würdigung. Selbst zeitgenössische Dramatik, die der Aristotelischen *Poetik* und ihrer Methode verpflichtet ist, lehnt er nicht einfach ab. Er widerspricht vielmehr jenen voreiligen Kritikern, ,,die befürchten, es würden durch Stücke aristotelischer Bauart zwar soziale Impulse erzeugt, aber auch gleich wieder verbraucht."[84] Brecht bezieht sich augenscheinlich auf Friedrich Wolfs Stück *Cyankali*. Wolf schaltete sich mit seinem Stück in die Debatte um den Paragraphen 218 ein, die in der Zeit der Weimarer Republik (und nicht nur zu der Zeit) aktuell und politisch brisant ist. Unter diesen Bedingungen vermag Dramatik, die Brecht von ihrem technischen Standard her für einen Rückschritt hält, durchaus unmittelbare und radikalisierende Wirkung zu zeitigen. ,,Ist eine bestimmte gesellschaftliche Situation sehr reif, so kann durch Werke obiger Art eine praktische Aktion ausgelöst werden. Solch ein Stück ist der Funke, der das Pulverfaß entzündet."[85] Brechts Intention geht nicht auf eine punktuelle Aktivierung des Zuschauers. Dieser möge im Theater vielmehr lernen, perspektivisch zu denken und zu handeln. Gleichsam im Sinne einer Langzeittherapie zielt Brecht

---

83 Bertolt Brecht: Vierter Nachtrag zur Theorie des ‚Messingkaufs', GW, Bd. 16, S. 657.
84 Bertolt Brecht: Unmittelbare Wirkung aristotelischer Dramatik, GW, Bd. 15, S. 249.
85 Ebda.

auf eine Stabilisierung der Kritikfähigkeit, die sich an der gesellschaftlichen Wirklichkeit zu beweisen habe. Wiederum auf Wolfs Stück Bezug nehmend, verdeutlicht Brecht den Unterschied zwischen epischem und aristotelischem Theater: „In der obigen Situation würde nichtaristotelische Dramatik es vielleicht schwerer gehabt haben, eine unmittelbare Aktion auszulösen. Denn sie hätte unzweifelhaft die Frage erörtern müssen, wodurch das Gebärrecht zum Gebärzwang wird, und die Aktion, auf die sie hätte ausgehen müssen, wäre eine weit allgemeinere, größere, aber auch unbestimmtere und im Augenblick unmöglichere gewesen. Auch ein Stück nichtaristotelischer Dramatik müßte (...) durch ihren Erfolg weitertreibende Aktion auslösen können, eine eben solche Aktion auf Bezahlung der Verhütungsmittel durch den Staat. Aber sie könnte nicht nur auf den Impuls losgehen. Das Recht, nicht zu gebären, als ein Teil des Rechts, zu gebären, dargestellt, hat vielleicht *auf die Dauer* mehr, aber im Augenblick weniger begeisternde Wirkungen."[86]

Wirkungen des epischen Theaters resultieren aus dem bedeutsamen Funktionswandel, den Brecht anstrebt. Nicht in der mehr oder weniger spontanen Zustimmung bzw. Ablehnung seitens der Zuschauer soll sich die neue Theaterkunst legitimieren. Gerichtet auf gesellschaftlich relevante Erkenntnis, wandle sich das Theater selbst zum Erkenntnismittel. Zur gemeinsamen Diskussion von Bühne und Publikum steht die historische Wirklichkeit. Diese nach Wesen und Struktur aufzuschlüsseln, ihre Gesetzmäßigkeiten — wie Brecht sagen würde — intus zu bekommen, bedarf es der gemeinschaftlichen Anstrengung im Theater. Denn entgegen der herrschenden Ideologie von der *Endgültigkeit* bestehender Herrschaftsverhältnisse hat solch Theater es mit dem *Prozeß* zu tun. Gerade das Wissen darum, daß jede Gesellschaft geworden, d. h. Resultat der Geschichte ist, reindiziert das Bewußtsein von der Änderbarkeit der Welt. Insofern bleibt jene Erkenntnis, zu der

---

86 Ebda (Hervorheb. von den Verf.).

das epische Theater anstiften will, bezogen auf den umfassenden Begriff der Veränderung. *Verändern, zumal gesellschaftlich projektiertes, hat zu seiner unabdingbaren Voraussetzung dialektisches Denken.* Brecht sagt: „Denken ist etwas, das auf Schwierigkeiten folgt und dem Handeln vorausgeht."[87]

Die Zweckmäßigkeit des epischen Theaters behauptet sich in der Gestaltung der Logizität gesellschaftlichen Seins. Das Sein im Prozeß seines Werdens erkennend und auf dem Theater vorführend, ermöglicht episches Theater, über die Einsicht in die (auch dramaturgisch untermauerte) Argumentation der dramatischen Handlung hinaus das Allgemeine, in diesem Fall also: die objektiven Bewegungsgesetze, zu erkennen. „Begreifen des Einzelnen und Begreifen des Ganzen: / Nur belehrt von der Wirklichkeit, können wir / Die Wirklichkeit ändern."[88]

Episches Theater verdankt seine erkenntnisfördernde Stellung innerhalb der Kunst dem Willen zur Wahrhaftigkeit. „Die Darstellungen des bürgerlichen Theaters gehen immer auf die Verschmierung der Widersprüche, auf die Vortäuschung von Harmonie, auf die Idealisierung aus."[89] Aber gerade in der Darstellung bzw. Offenlegung der Widersprüche liegt heute die Möglichkeit zur Erkenntnisstiftung begründet. Deshalb arbeitet das epische Theater „bei allen Erscheinungen und Prozessen das Widerspruchsvolle heraus."[90] Unter diesem Blickwinkel wird verständlich, daß Brecht der *Identifikation mit dem Helden* gegenüber starke Bedenken anmeldet. In der nur emotionalen Begleitung einer Figur besteht die Gefahr einer voreiligen und unkritischen Gefolgschaft durch das Publikum. Dies zu verhindern baut Brecht in die Handlung und die sie tragenden Figuren Widerstände ein. Selbst ein Held, der positiv im Sinne der ‚richtigen' Erkenntnis handelt, vereitelt

---

87 Bertolt Brecht: Me-ti. Buch der Wendungen, GW, Bd. 12, S. 443.
88 Bertolt Brecht: Die Maßnahme, GW, Bd. 2, S. 663.
89 Bertolt Brecht: Nachträge zum ‚Kleinen Organon', GW, Bd. 16, S. 706.
90 Bertolt Brecht: Krisen und Konflikte, GW, Bd. 16, S. 794.

(wird ihm dann auch gleichsam richtig nachgeeifert) durch die *Einfühlung* in ihn seine distanzierte Bewertung. Brechts Figuren „sind keine einfühlbaren Helden. Sie sind nicht als unveränderliche Urbilder des Menschen gesehen und gestaltet, sondern als historische, vergängliche, meist mehr ein Erstaunen als ein ‚So bin ich auch' herausfordernde Charaktere. Der Zuschauer befindet sich ihnen gegenüber verstandes- *und gefühlsmäßig* im Widerspruch, er identifiziert sich nicht mit ihnen, er ‚kritisiert' sie."[91]

Figuren sind mit dem Hinweis auf ihre Schicksalhaftigkeit nicht länger erklärbar. Damit fällt zugleich der bisweilen die Dramatik konstituierende Begriff vom Schicksal. Brecht hat wiederholt durch die von ihm geschaffenen Figuren die gängige Ideologie, gerade Schicksal erzeuge erst Dramatik, destruiert. *Die heilige Johanna der Schlachthöfe,* zu Beginn des Stücks davon überzeugt: „Das Unglück kommt wie der Regen, den niemand machet und der doch kommt"[92], muß im Laufe der Handlung lernen (und mit ihr das Publikum), daß es Ursachen und triftige Gründe gibt für das ‚Unglück' der Arbeiter: „Die aber unten sind, werden unten gehalten / Damit die oben sind, oben bleiben. (...) Es

---

91 Bertolt Brecht: Aus einem kleinen Gespräch mit dem ungläubigen Thomas, S. 275. — Da in diesem Teil I vorrangig über das Verhältnis von Drama und Theater in gattungsspezifischer Absicht gehandelt wird, sei hier wenigstens auf die Rolle der Schauspieler im epischen Theater kurz eingegangen. Den Zuschauer beständig an seine Aufgabe der Kritik zu erinnern, sind die Schauspieler gehalten, in der Darstellung selbst die Kritik an der Figur mitzuliefern. Den Figuren ist das Natürliche, Bekannte oder gar Magische zu nehmen. Die Zerstörung der Illusion im Theater ist das Gebot des epischen Theaters wie der diesem entsprechenden Schauspielkunst: „Der Schauspieler läßt es auf der Bühne nicht zur *restlosen Verwandlung* in die darzustellende Person kommen. Er ist nicht Lear, Harpagon, Schwejk, er *zeigt* diese Leute" (GW, Bd. 15, S. 343). Die Figuren, mit dem *Gestus des Zeigens* versehen, sprechen dann nicht allein für sich, sondern verweisen auf ihren sozialen Status.
92 Bertolt Brecht: Die heilige Johanna der Schlachthöfe, GW, Bd. 2, S. 674.

hilft nur Gewalt, wo Gewalt herrscht, und / Es helfen nur Menschen, wo Menschen sind."[93] Johanna Dark demonstriert gleichsam exemplarisch an sich selbst die angestrebte Haltung des epischen Theater und dessen Zuschauer. Johanna, vorerst nur durch Nächstenliebe in ihrem Verhalten geleitet, spürt Neugierde angesichts der Konfrontierung mit der materiellen Not der ausgesperrten Arbeiter. Neugierde steht am Anfang ihres Lernprozesses, Neugierde auch möge den Zuschauer veranlassen, sie auf dem Weg zu begleiten: Neugierde aber jetzt betreffend den gesamten Verlauf der erzählten Geschichte, und nicht allein auf Johanna fixierte Neugierde.

Die Exposition des Stücks sei kurz vergegenwärtigt. Die Szene ist der Chicagoer Fleischmarkt. Der die Konkurrenz beherrschende Pierpont Mauler ist durch Freunde über unmittelbar bevorstehende Absatzschwierigkeiten informiert, er will sich also aus dem Geschäft zurückziehen. Er bietet seinen Marktanteil zum Verkauf. Doch, so macht der interessierte Cridle zur Bedingung einer Übernahme, möge Mauler zuvor den lästigen Konkurrenten Lennox niederringen. Lennox fällt, siebzigtausend Arbeiter sind arbeitslos. Jetzt treten die Schwarzen Strohhüte, die Soldaten des lieben Gottes, auf den Plan. Doch ihre heiße Suppe hilft wenig. Inzwischen schließen auch Mauler und Cridle ihre Fabriken.

JOHANNA
Dann will ich aber wissen, wer an all dem schuld ist.

DIE SCHWARZEN STROHHÜTE
Halt! Misch dich nicht ein da! Sicherlich
Schreien sie dir die Ohren voll. Nur mit Niedrigem
Ist ihr Sinn angefüllt. Faulenzer sind es!
Gefräßig und arbeitsscheu und von Geburt an
Bar jeder höheren Regung!

JOHANNA
Nein, ich will's wissen. *Zu den Arbeitern:*
Jetzt sagt mir: warum lauft ihr hier herum und habt
keine Arbeit?

---

93 Ebda., S. 781/783.

DIE ARBEITER
Der blutige Mauler liegt in einem Kampf mit
Dem geizigen Lennox, und darum hungern wir.

JOHANNA
Wo wohnt der Mauler?

DIE ARBEITER
Dort, wo das Vieh verhandelt wird, in
Einem großen Gebäude, der Viehbörse.

JOHANNA
Dort will ich hingehn, denn
Ich muß es wissen.

MARTHA *eine von den Schwarzen Strohhüten:*
Misch dich nicht hinein da! Wer viel fragt
Kriegt viele Antworten.

JOHANNA
Nein, diesen Mauler will ich sehen, der solches Elend verrichtet.

DIE SCHWARZEN STROHHÜTE
Dann sehen wir schwarz für dein weiteres Schicksal, Johanna.
Nicht misch dich in irdischen Zank!
Dem Zank verfällt, wer sich hineinmischt!
Seine Reinheit vergeht schnell. Bald
Vergeht vor der alles beherrschenden Kälte seine
Wenige Wärme. Die Güte verläßt ihn, der den schützenden
Ofen flieht.
Von Stufe zu Stufe
Nachstrebend nach unten, der dir nimmer werdenden Antwort zu
Wirst du verschwinden in Schmutz!
Denn nur Schmutz wird gestopft in die Münder
Der ohne Vorsicht Fragenden.

JOHANNA
Ich will's wissen.[94]

---

94 Ebda., S. 678 f.

Nach dieser Einführung ist der weitere Handlungsablauf vorgezeichnet. Johanna wird entgegen der vermeintlich guten Ratschläge ihrer Mitstreiter Stufe um Stufe hinabsteigen. Hinabsteigen wohin? Die Schwarzen Strohhüte warnen Johanna immer wieder; Ihnen ist ‚unten' Synonym für die Schlechtigkeit der Welt, was im Stück heißt: für die Niedertracht der Niedrigen. Doch Johannas Gang in die Tiefe (wie Brecht bewußt doppeldeutig den Lernprozeß der Johanna überschreibt) ist mehr als bloß sozialer Abstieg, er kennzeichnet zugleich ihren Erkenntnisprozeß. Johanna geht den Dingen im wahrsten Sinne des Wortes auf den Grund. Je tiefer sie in die Ereignisse sich einschaltet, desto stringenter ist ihre Einsicht in die wirklichen Vorgänge am Schluß des Stücks.

„Was sind die Vorgänge hinter den Vorgängen, jene verdeckten und aufzudeckenden", fragt Brecht an anderer Stelle, und er gibt eine Antwort, die als Paraphrase von Johannas Erkenntnis gelten kann, „die Vorgänge hinter den Vorgängen als Vorgänge unter Menschen."[95]

Das Verhältnis von Bühne und Publikum wird *in pädagogischer Absicht* neu strukturiert, wobei der dramatische Text einen nicht geringen Anteil beim Funktionswandel des Theaters zu übernehmen hat. Er ist eine der Voraussetzungen für das Zustandekommen des Theaterabends, so wie Brecht und seine fiktiven Figuren ihn verstanden wissen wollen: als vergnügliche Art und Weise gemeinsamen Lernens. Johanna ist hier insofern exemplarische Figur, als sie an sich selbst vorführt, wozu das Theater sein Publikum anleiten soll. Der Zuschauer habe „in einer ganz bestimmten erlernbaren Haltung die Vorgänge auf der Bühne zu verfolgen, sie in ihrem allseitigen Zusammenhang und totalen Verlauf zu begreifen."[96]

---

95 Bertolt Brecht: Die Vorgänge hinter den Vorgängen, GW, Bd. 15, S. 259 bzw. 256.
96 Bertolt Brecht: Anmerkungen zu ‚Die heilige Johanna der Schlachthöfe', GW, Bd. 17, S. 1019.

Wiewohl Brecht jedwede Form des positiven Helden skeptisch beurteilt, weil er nur allzu leicht zur Einfühlung verführe, sieht er doch bei der heiligen Johanna die produktive Seite des aristotelischen Theaters, „da diese figur ja einen erkenntnisprozeß durchmacht, so daß der einfühlende zuschauer von diesem punkt aus sehr wohl die hauptpartien der geschehnisse überblicken kann."[97] Das epische, *nichtaristotelische* Theater verwendet durchaus das Mittel der *Einfühlung*. Mit der Mutter Teresa Carrar hat Brecht eine weitere Figur geschaffen, die auf Einfühlung angelegt ist. Nun bezieht Brecht mit dem Stück *Die Gewehre der Frau Carrar* unmittelbar Stellung im spanischen Bürgerkrieg (das Stück wurde im ersten Jahr des Bürgerkriegs geschrieben); er will weniger belehren, als vielmehr direkt zum Kampf gegen die Francofaschisten aufrufen. Das Stück dient zuerst der Agitation und geht darin gewissermaßen ganz auf. Doch kann der Mangel dieser Einfühlungsdramatik an Kritik durchaus gemildert werden, wird das Stück zum Beispiel während einer politischen Versammlung oder zusammen mit Dokumentarfilmen über den Bürgerkrieg aufgeführt. Immer also bleibt Brecht — auch seinem eigenen Werk gegenüber — reserviert, wenn sich Theater primär über den Prozeß der Einfühlung herstellen soll. Brecht läßt eine solche Einfühlung über längere Strecken denn eben doch nicht zu: die Figur selbst tritt beizeiten aus sich heraus, sie demonstriert. Indem sie demonstriert, kommentiert sie zugleich den Gesamtablauf, in dem sie steht bzw. den sie bestimmt.

Einfühlungstheater ist für Brecht Paradigma des aristotelischen Theaters. Die Theorie des epischen Theaters, Gegentypus des aristotelischen Theaters, kritisiert und überwindet Aristoteles und dessen *Poetik*. Und doch bedient sie sich eines Vokabulars, das der poetologischen Tradition im Gefolge des Aristoteles deutlich verhaftet bleibt. Als Brecht im Jahre 1939 vor Mitgliedern einer Studentenbühne einen Vortrag über experimentelles Theater hält,

---

97 Bertolt Brecht: Arbeitsjournal, 1. Bd., 1938 bis 1942, hrsg. von W. Hecht, Frankfurt/M. 1973, S. 225.

faßt er seine ästhetische Position, die eigenen Versuche während der Weimarer Republik rekapitulierend, zusammen: „Was konnte an die Stelle von *Furcht* und *Mitleid* gesetzt werden, des klassischen Zwiegespanns zur Herbeiführung der aristotelischen Katharsis? Wenn man auf die Hypnose verzichtete, an was konnte man appellieren? Welche Haltung sollte der Zuhörer einnehmen in den neuen Theatern, wenn ihm die traumbefangene, passive, in das Schicksal ergebene Haltung verwehrt wurde? Er sollte nicht mehr aus einer Welt in die Welt der Kunst entführt, nicht mehr gekidnappt werden; im Gegenteil sollte er in seine reale Welt eingeführt werden, mit wachen Sinnen. War es möglich, etwa anstelle der Furcht vor dem Schicksal die Wissensbegierde zu setzen, anstelle des Mitleids die Hilfsbereitschaft? Konnte man damit einen neuen Kontakt schaffen zwischen Bühne und Zuschauer, konnte das eine neue Basis für den Kunstgenuß abgeben?

Ich kann die neue Technik des Dramenbaus, des Bühnenbaus und der Schauspielweise, mit der wir Versuche anstellten, hier nicht beschreiben. Das Prinzip besteht darin, anstelle der Einfühlung die *Verfremdung* herbeizuführen.

Was ist Verfremdung?

Einen Vorgang oder einen Charakter verfremden heißt zunächst einfach, dem Vorgang oder dem Charakter das Selbstverständliche, Bekannte, Einleuchtende zu nehmen und über ihn Staunen und Neugierde zu erzeugen."[98]

Brechts Äquivalente für Furcht und Mitleid sind *Neugierde* und *Hilfsbereitschaft,* wobei letztere nicht der *moralischen,* sondern vielmehr einer *politischen* Sittlichkeit verpflichtete Begriffe sind. Neugierde und Hilfsbereitschaft wiederum setzen sich im Prinzip der Verfremdung in eins. Erkenntnis vermittels epischen Theaters ist also Ergebnis der gemeinsamen Anstrengung, Vorgän-

---

[98] Bertolt Brecht: Über experimentelles Theater, GW, Bd. 15, S. 301.

ge ihrer Quasinatürlichkeit, ihres allzu Bekanntseins zu entkleiden. Interessant ist eine Figur, wenn sie fremd erscheint, zugleich aber so präsentiert wird, daß sie wiedererkennbar, d. h. der Gegenwart vermittelt bleibt. Oder anders ausgedrückt: *Realismus* im epischen Theater ist nicht nur Wiedererkennung des schon Bekannten, sondern Synthese von Bekanntem und Fremdem zu neuem Wissen über die Wirklichkeit. Dieses Wissen begreift Theater und Welt im Verhältnis gegenseitiger Abhängigkeit. Dann auch erklärt sich die Wichtigkeit der Fabel für das epische Theater. Die Fabel ist „das Herzstück der theatralischen Veranstaltung. Denn von dem, was *zwischen* den Menschen vorgeht, bekommen sie ja alles, was diskutierbar, kritisierbar, änderbar sein kann."[99] Damit repräsentiert die Fabel auf der Bühne jene wirkliche Beziehung von Mensch zu Mensch, die die Soziologie den gesellschaftlichen Verkehr der Menschen untereinander nennt. Das epische Theater dient seinem Anspruch nach der Organisierung dieses Verkehrs in Richtung auf einen wahrhaft menschlichen, indem es die realen Bewegungsgesetze der von den Menschen gemachten, diese aber zugleich auch machenden Wirklichkeit aufzuzeigen versucht. Episches Theater verändert das Theater, um an der Änderung der Welt teilzuhaben.

---

99 Bertolt Brecht: Kleines Organon für das Theater, GW, Bd. 16, S. 693.

II. Bauelemente des Dramas

Gegenstand der vorausgegangenen Abschnitte war die Untersuchung des Verhältnisses von Drama und Theater, jenes fundamentalen Zusammenhangs also, den der dramatische Text nicht nur intendiert, der für diesen vielmehr signifikant ist. An drei Schwerpunkten innerhalb der europäischen Dramengeschichte (antike Tragödie, bürgerliches Trauerspiel und episches Theater) wurde dabei versucht, die historisch-gesellschaftliche Bedingtheit von Dramenproduktion und Dramentheorie exemplarisch zu verdeutlichen. Im folgenden Teil sollen nunmehr gattungsspezifische Stilmerkmale und Bauformen des Dramas charakterisiert bzw. dramaturgische Begriffe vorgestellt werden, die sich in der geschichtlichen Entwicklung von Drama und Theater gleichsam als analytische Konstante herausgebildet haben.

Eine solche Absicht nötigt zur Systematisierung und Typologisierung. Diese Vorgehensweise beinhaltet aber zugleich auch ein weitgehendes Absehen von gesellschaftlichen und historischen Faktoren, die das einzelne dramatische Werk bestimmen und die bei dessen Interpretation zu beachten sind, wenn man einer ahistorischen und rein formalen Analyse entgehen will, die den Entstehungskontext eines Werkes, seinen ideologischen und gattungsgeschichtlichen Standort unberücksichtigt läßt. Die im folgenden abgehandelten dramaturgischen Aspekte und Techniken sind also am konkreten Fall immer auf ihre jeweilige Leistung und Funktion hin zu befragen; nur so können die Darstellungs- und Wirkungsabsicht sowie die allgemein gesellschaftlichen Implikationen eines Dramentextes ermittelt werden.

1. Das Drama als szenisch-theatralischer Text

Die Eigengesetzlichkeit der Dramatik wird seit der Antike immer wieder in Abgrenzung zur Epik bestimmt. Nach Aristoteles sind beide Textgattungen durch *Nachahmung* (Mimesis) von *Handlung* (Praxis) gekennzeichnet, gleichzeitig verweist er jedoch in seiner *Poetik* (Kap. 3) bereits auf deren kategorialen Unterschied in der Art mimetischer Darstellung: „Denn man kann dieselben Gegenstände mit denselben Mitteln nachahmen entweder so, *daß man berichtet* (sei es in der Gestalt einer dritten Person, wie Homer dichtet, oder so, daß man unwandelbar selber der Berichterstatter bleibt) oder so, *daß man die nachgeahmten Gestalten selber als handelnd tätig auftreten läßt.*"[1] Wenn — auch neuere — gattungstheoretische Arbeiten[2] stärker das Gemeinsame als die Verschiedenheit zwischen Dramatik und Epik betonen, so weisen sie ebenso nachdrücklich auf deren spezifische Unterschiedlichkeit hin. Käte Hamburger zufolge sind beide Textgattungen mimetisch und fiktional, „(. . .) der sprachlogische Ort des Dramas im System der Dichtung ergibt sich allein aus dem Fehlen der Erzählfunktion, der strukturellen Tatsache, daß die Gestalten dialogisch gebildet sind."[3] Der damit verbundene Übergang vom Modus der bloßen Vorstellung (Erzählung) in den Modus der transitorischen Wahrnehmung (Theater) hat zugleich eine stärkere Konzentration auf die Handlung zur Folge.[4]

---

1 Aristoteles: Poetik, S. 28 (Hervorhebung nicht original); vgl. auch die Definition der Tragödie in Kap. 6, S. 33: „(. . .) und daß gehandelt und nicht berichtet wird (. . .)".
2 Eberhard Lämmert: Bauformen des Erzählens, 3. Aufl. Stuttgart 1968, S. 210 ff., Käte Hamburger: Die Logik der Dichtung, 2. Aufl. Stuttgart 1968, S. 154 ff.; Manfred Pfister: Das Drama. Theorie und Analyse, München 1977, S. 19 ff.
3 Käte Hamburger: Die Logik der Dichtung, S. 158.
4 Ebda., S. 159.

Das Drama unterscheidet sich mithin von der Epik gerade durch seine dialogische Handlungs- und Figurenkonzeption (worin prinzipiell das Fehlen einer vermittelnden Erzählerfigur[5] begründet liegt), nicht zuletzt aber auch durch die quantitative Begrenzung der Handlung bzw. des Stoffes. So ist im Vergleich zu Romanen etwa neben der Dialogisierung schon der geringere Umfang dramatischer Texte ein auffallendes äußeres Merkmal. Wichtiger, zumal im Hinblick auf die zeitlich begrenzte Rezeption im Theater, ist jedoch eine ausgeprägtere Konfliktstruktur im Handlungsablauf, die aus der Verfaßtheit des Dramas als Vorlage für ein kollektives Rollenspiel resultiert. Denn da der dramatische Text im Normalfall nicht als nur literarischer (als bloßes „Lesedrama"), sondern vielmehr als ein medienspezifischer (hinsichtlich seiner theatralischen Realisierung) angelegt ist und als solcher auch außersprachliche akustische und optische Codes[6] zur Informationsvermittlung und Rezeption beinhaltet, wäre es eine voreilige Verallgemeinerung, wollte man die dialogische Konstitution zur alleinigen Voraussetzung eines dramatischen Textes, d. h. eines *szenisch-theatralischen Textes* erklären.

So gibt es eigenständige Dialogtexte, die nicht als szenisch-theatralische konzipiert sind, auch wenn sie gelegentlich für die Bühne adaptiert werden, wie z. B. Dialoge Platons und Denis

---

5 Thornton Wilders *Unsere kleine Stadt* etwa führt gerade eine vermittelnde bzw. kommentierende Erzählerfigur ein, wodurch ein stark episierendes Element innerhalb der Handlungsstruktur betont wird. Bertolt Brecht dagegen versucht, den Figuren selbst eine ähnliche Haltung zu geben. Sein Bemühen ist unter dem Begriff der Episierung treffend zusammengefaßt. Solch Vorgehen transformiert vom poetologischen Standpunkt aus gesehen die Dramatik, d. h. es arbeitet mit Charakteristika aus der Epik. Gleichwohl gilt zur allgemeinen Unterscheidung der Gattungen jene traditionelle Begrifflichkeit, die mit der *Poetik* des Aristoteles ihren Anfang nahm.
6 Vgl. Manfred Pfister: Das Drama, S. 24 ff. – Pfister charakterisiert das Drama als „plurimediale Darstellungsform" und geht auf dessen „Repertoire der Codes und Kanäle" näher ein. Siehe dazu seine graphische Übersicht auf S. 27.

Diderots oder Brechts *Flüchtlingsgespräche* und sein über das Phänomen Theater theoretisierendes Fragment *Der Messingkauf*. Doch fehlen jenen vorrangig auf philosophische Erkenntnis und Diskussion ausgerichteten Dialogen zumeist die Situationsgebundenheit und Handlungsbezogenheit des dramatischen Dialogs (eine Ausnahme: Brechts *Flüchtlingsgespräche,* denen ein stark szenisch-gestisches Element immanent ist).

Andererseits findet man Bühnenwerke, die den für die Dramatik gewöhnlich als konstitutiv angesehenen Dialog nicht aufweisen, aber aufgrund ihrer szenisch-theatralischen Struktur dieser literarischen Gattung zuzurechnen sind. Es handelt sich hierbei um *Monodrama* (Einpersonenstück), als Text fixierte *Pantomimen* und *Szenarien* (Aufzeichnung eines Handlungsablaufs im Stegreifspiel als Anhaltspunkte für die Spieler, vor allem in der Commedia dell'arte). Als Beispiele seien genannt: das pantomimische Monodrama *Wunschkonzert* von Franz Xaver Kroetz, Samuel Becketts zwei Pantomimen *Spiel(e) ohne Worte* und Peter Handkes *Quodlibet,* ein Szenar, das lediglich den Geschehnisablauf skizziert und ein entsprechend arrangiertes Vokabular für die Dialogrealisation bereitstellt. In allen diesen Fällen wird der sog. *Nebentext* (= Spielanweisungen), der im Drama die für den Regisseur und die Schauspieler bestimmte Information des Verfassers zur szenischen Verwirklichung des *Haupttextes* (= Rede der Dramenfiguren) enthält, zum alleinigen Bestandteil eines Theaterstücks.

Nachdem mit diesem kurzen Seitenblick auf bestimmte Sonderformen szenisch-theatralischer Texte bereits auf einen wesentlichen Aspekt des Dramas, auf seine Verfassung als *Schau*spiel verwiesen wurde, soll nunmehr dessen Handlungsstruktur näher beschrieben werden.

2. Handlungstypen

Die dialogische Interaktion der Figuren im Drama steht jeweils in engem Zusammenhang mit dessen Handlungs- und Konfliktentwicklung. Zunächst sei festgehalten, daß der Konflikt eigentlich schon eine Konkretisierung der Handlung andeutet. Konflikt meint jedoch nicht allein die innerdramatische Bestimmung eines Handlungsablaufs. Denn genereller formuliert, sind „Konflikte Kampfsituationen zwischen Partnern mit gegenteiligem Interesse. Sie werden sich nicht nur mit der Gesellschaft und ihrem Klasseninteresse verändern, sie sind selbst Ausdruck von gesellschaftlichen Veränderungen".[7] Dies anerkannt, ist der *dramatische Konflikt* wie auch immer vermitteltes Spiegelbild realer Konflikte. So lassen sich denn dem dramatischen Text die konstitutiven Konflikte bzw. Konfliktsituationen als ästhetische Verarbeitung und Gestaltung wirklichen Geschehens entnehmen. Der dramatische Konflikt wäre demnach in seinem Grundzug auch ein historischer. Im Drama, d. h. präziser in der dramaturgischen Durchführung kann der Konflikt auf verschiedene Weise zustandekommen – ganz nach der Art seiner gesellschaftlichen oder privaten, sozialen oder psychologischen Anlage. Er mag resultieren aus dem durchgehend gestalteten Zusammenstoß widersprüchlicher gesellschaftlicher Kräfte (so Hof und Bürgertum in Lessings *Emilia Galotti*), er mag resultieren aus dem Kampf zweier Parteien um die politische Macht oder um die Gunst bzw. Liebe einer dritten Person

---

7 Manfred Wekwerth: Theater und Wissenschaft. Überlegungen für das Theater von heute und morgen, München 1974, S. 150. – Zur Definition und Diskussion der Begriffe *dramatischer Konflikt* und *Kollision* siehe auch: Cesare Cases: Peter Szondi „Theorie des modernen Dramas", in: C. C.: Stichworte zur deutschen Literatur. Kritische Notizen, Wien/Frankfurt/Zürich 1969, S. 383 ff.; Georg Lukács: Historischer Roman und historisches Drama – und – Zur Soziologie des modernen Dramas, in: G. L.: Schriften zur Literatursoziologie, 4. Aufl. Neuwied/Berlin 1970, S. 175 ff. und S. 261 ff.

(= *äußerer Konflikt*). Oder er entsteht durch den Widerstreit entgegengesetzter Forderungen und Ansprüche — auch moralischer Natur — in den Figuren selbst (= *innerer Konflikt*). In solchermaßen initiierten Kollisionen werden die Hauptfiguren dann vor Entscheidungen gestellt, die zu neuen Verwicklungen führen und erst am Ende des Stücks ihre (häufig nur vordergründige) Auflösung erfahren, oft aber auch über die vorgeführte Handlung hinaus andauern können.

Das *Konfliktdrama* läßt sich bereits in der griechischen Dramatik nachweisen, so z. B. in der *Antigone* des Sophokles. Im Zwiespalt zwischen dem sittlichen Gebot und dem königlichen Verbot, den toten Bruder Polyneikes zu bestatten, entschließt sich Antigone, dem ersteren zu folgen und letzteres zu mißachten, was den Zusammenstoß mit dem Repräsentanten der politischen Macht (Kreon) zur Folge hat und schließlich zu ihrem Untergang führt. Diese frühe Manifestation des Konflikt- und *Entscheidungsdramas* unterscheidet sich von dessen späteren Ausprägungen (etwa in Shakespeares Stücken) lediglich dadurch, daß hier nicht ein wechselvolles inneres Ringen der Hauptfigur bis zur endgültigen Entscheidung und Tat dargestellt wird, sondern der Konflikt mit Beginn des Stückes schon gegeben und die Entscheidung der Antigone bei ihrem ersten Auftreten (s. Eingangsdialog) bereits gefallen ist. Die damit verbundene Konzentration des dramatischen Vorgangs auf die Endphase des Geschehens rückt die *Antigone* formal in die Nähe des *König Ödipus*; in Wirklichkeit besteht jedoch ein prinzipieller Unterschied in der Beschaffenheit der jeweiligen dramatischen Handlung. Da sich im Konfliktdrama das entscheidende Ereignis erst im Verlauf der Spielhandlung vollzieht und hier anstelle des rückwärtigen Bezugspunktes ein in der Zukunft liegender die Handlung bestimmt, bezeichnet man diesen Dramentyp häufig auch als *Zieldrama*. (Mit diesem Terminus verbindet sich jedoch leicht die — falsche — Assoziation, daß das analytische Drama nicht zielgerichtet ist und kaum dramatische Aktionen aufweist.)

Neben dem innerhalb der Dramatik dominierenden Handlungstyp des Konflikt- und Entscheidungsdramas, das auf einen von den Akteuren selbst herbeigeführten (gewaltsamen oder versöhnlichen) Ausgang zusteuert, findet sich als zweiter Handlungstyp das bereits erwähnte *analytische* oder *Entdeckungsdrama,* dessen entscheidendes Ereignis — im Unterschied zum eben abgehandelten Konfliktdrama — schon vor Beginn des Stücks liegt.

Der Handlungsablauf ist hier von einer gegenläufigen Bewegung bestimmt: im ‚fortschreitenden Rückschreiten' wird ein vergangenes Geschehen bis zu seiner restlosen Aufklärung enthüllt. Häufig zitierte Beispiele für das analytische Drama und gleichzeitig Belege für dessen Vorkommen in Tragödie und Komödie sind *König Ödipus* von Sophokles und *Der zerbrochene Krug* von Heinrich von Kleist. In beiden Fällen wird die Hauptfigur zum Untersuchungsrichter in eigener Sache — nur mit umgekehrten Vorzeichen: Ödipus fördert die Entdeckung seines Vergehens (Vatermord und Inzest) in Unkenntnis der eigenen Schuld, der Dorfrichter Adam, der von Anfang an weiß, daß er der Schuldige ist, versucht die Aufdeckung seines Vergehens zu verhindern.

Kleists Komödie, in der ein Prozeß auf der Bühne dargestellt wird, verdeutlicht zugleich eine Grundform des analytischen Handlungstyps: die Gerichtsverhandlung. Sie bildet das Muster und Formprinzip für viele Stücke, in neuerer Zeit vor allem im sogenannten Dokumentartheater, das um die Faktizität des Dargestellten bemüht, besonders häufig authentische Prozesse anhand vorliegender Verhandlungsprotokolle nachzeichnet (Heinar Kipphardt *In der Sache J. Robert Oppenheimer,* Peter Weiss *Die Ermittlung,* Hans Magnus Enzensberger *Das Verhör von Habana).* Die spezifische Tradierungsart des dokumentarischen Materials (Verhandlungsprotokolle) und die damit vorgegebene Darstellungsform (Prozeß, Hearing) entheben hier die Autoren einer Handlungserfindung, zu der sich noch etwa Rolf Hochhuth in seinen Stücken zur Darstellung eines historischen Sachverhalts genötigt sieht.

Aus der Affinität des Dramas zur Form der Gerichtsverhandlung („dialogische Struktur von Rede und Gegenrede")[8] erklärt sich auch das häufige Vorkommen von Gerichts- und Verhörszenen im nichtanalytischen Drama. Da hier die gerichtliche Untersuchung jedoch nur auf einzelne Szenen beschränkt bleibt, wird diese nicht strukturbestimmend wie im Prozeßstück, in dem sie sich über die ganze Handlung erstreckt.

Die Form der Gerichtsverhandlung stellt jedoch nur eine Sonderform des analytischen Dramas dar. Weitgehend analytischen Handlungsaufbau weisen alle Stücke auf, in denen die Enthüllung von Vergangenheit die Bühnenhandlung bestimmt. Vor allem im modernen Drama, in dem anstelle einer ereignisreichen Handlung häufig die Schilderung eines desolaten Zustandes und die psychoanalytische Durchleuchtung der Figuren dominiert, dient den Autoren die analytische Technik dazu, Vergangenes, das in die Gegenwart der Dramenpersonen hineinwirkt und ihr Verhalten bestimmt, sichtbar zu machen. Das gilt beispielsweise für Autoren und Stücke so unterschiedlicher Richtungen wie Ibsens *Gespenster,* O'Neills *Eines langen Tages Reise in die Nacht,* Sartres *Bei geschlossenen Türen.* Neben dieser analytischen Enthüllungstechnik findet sich im modernen Drama eine weitere Möglichkeit der Darstellung von Vergangenem in Form der *szenischen Rückblende* (Einfluß des Films auf das Drama). Mitunter werden beide Darstellungstechniken miteinander gekoppelt, so etwa in Anouilhs Stück *Jeanne oder Die Lerche,* in dem innerhalb des hier dargestellten Prozesses gegen Jeanne d'Arc die entscheidenden Ereignisse ihres Lebens in Rückblenden vorgeführt werden.

Handlungsziel des analytischen Dramas also ist die restlose und sukzessive Aufdeckung der Vergangenheit. Deren Ermittlung, besser Vermittlung an das Publikum ist aber ebenso wie die Entfaltung eines Konflikts im nichtanalytischen Drama an die dramatischen Aktionen der Figuren gebunden.

---

8 Peter Pütz: Die Zeit im Drama. Zur Technik dramatischer Spannung, Göttingen 1970, S. 163.

„Der wesentliche Unterschied zwischen dem analytischen und nichtanalytischen Drama (...) besteht nicht darin, daß dieses auf Handlung, jenes auf Erkenntnis aufbaut; denn die Grenze zwischen Handeln und Erkennen ist in den seltensten Fällen genau markiert" — zumal auch „der Erkenntnisprozeß mit Aktion verbunden" ist. „Der wahre Unterschied zwischen beiden dramatischen Formen liegt in dem Verhältnis zur Zeit: Das analytische Drama setzt das meiste als vergangen voraus, das nichtanalytische ist weit weniger durch die Vorgeschichte bestimmt."[9]

Die beiden charakterisierten Handlungstypen kommen ferner selten in reiner Ausprägung vor. In zahlreichen Dramen findet sich vielmehr eine Kombination beider Darstellungsmöglichkeiten. Eine Mischung zwischen Enthüllungs- und Konflikthandlung zeigt etwa Carl Zuckmayers Stück *Des Teufels General* (Aufklärung eines Sabotagefalles und Darstellung eines inneren Konfliktes der Hauptfigur: Zwiespalt zwischen Verhalten und Gesinnung).

Obgleich bereits in der griechischen Antike das Konfliktdrama vorherrscht, ist die in der *Poetik* des Aristoteles überlieferte theoretische Auseinandersetzung mit der griechischen Tragödie offenbar vor allem an dem in *König Ödipus* vertretenen analytischen Dramentyp orientiert. Auf diesen trifft am ehesten seine *Katharsis*theorie zu, wie auch seine Vorstellung von der (größtenteils außerhalb des Dramas erfolgenden) Knüpfung und von der Lösung des dramatischen Knotens (*Poetik*, Kap. 18). Dafür spricht ferner, daß Aristoteles im *König Ödipus* die beiden für ihn wichtigsten Momente des Dramas, *Peripetie* (Umschlagen der Handlung in ihr Gegenteil, Beginn der Lösung) und *Anagnorisis* (= Entdeckung; Umschlagen von Unkenntnis in Erkenntnis), am idealsten verwirklicht sieht, da hier letztere mit der ersteren zusammenfällt (*Poetik*, Kap. 11).[9a]

---

9 Peter Pütz: Die Zeit im Drama, S. 203.
9a Vgl. zu den angeführten *Poetik*-Kapiteln die Dokumentation am Schluß dieses Bandes, S. 114 f. u. 116.

Wie nachhaltig die Tragödientheorie des Aristoteles die nachfolgenden Dramentheorien beeinflußte, zeigt noch Gustav Freytags Untersuchung *Die Technik des Dramas* (1863)[10], die an bestimmte traditionell-poetologische Überlegungen anknüpfend ein System der dramatischen Gliederung entwirft, dabei jedoch im Unterschied zu dem griechischen Philosophen an dem Typus des Konfliktdramas orientiert ist. Dies äußert sich bereits darin, daß Freytag zwar ähnlich wie Aristoteles die dramatische Handlung in zwei Hauptphasen unterteilt, diese aber als Folge von „Spiel" und „Gegenspiel" definiert, wobei jeweils die Handlungsführung in der ersten Phase beim Spiel (= Hauptheld), in der zweiten beim Gegenspiel liegt – oder umgekehrt. Diese Antinomie von Spiel und Gegenspiel vollzieht sich für Freytag in einer steigenden und fallenden Handlung, so daß das Drama einen „pyramidalen Bau" erhält.

Er ist im einzelnen durch fünf Teile gekennzeichnet (Einleitung, Steigerung, Höhepunkt, Fall bzw. Umkehr, Katastrophe), die sich nach Freytag im wesentlichen mit den fünf Akten, die das traditionelle Drama aufweist, decken, so daß „im ganzen betrachtet, jeder Akt einen der fünf Teile"[11] enthält. Sie kennzeichnen nach ihm, hier nur in komprimierter Form, auch das dreiaktige Stück, in dem ebenfalls die drei Momente: Beginn des Kampfes, Höhepunkt, Katastrophe deutlich voneinander abgehoben seien. Freytags Unterscheidung von fünf Teilen, die er den fünf Akten des traditionellen Dramas zuordnet, macht deutlich, daß sein pyramidales Bauschema aus dem Symmetrieprinzip abgeleitet ist, das (aus der römischen Antike kommend) vor allem das streng gebaute klassische Drama bestimmt, in dem jeweils der

---

10 Gustav Freytag: Die Technik des Dramas, Leipzig 1863. (Unveränderter Nachdruck der 13. Auflage von 1922 Wissenschaftliche Buchgesellschaft Darmstadt 1969). – Siehe zum Folgenden die Dokumentation, S. 146 bis 151.
11 Dokumentation S. 148.

dritte Akt deutlich die Mittelachse im Handlungsaufbau bildet
(etwa in Goethes *Iphigenie*), und damit nicht generell für jedes
Drama zutrifft.[12]

3. Handlungsgliederung (Akt, Szene, Auftritt)

Freytags Verbindung von innerem Aufbauprinzip und äußerer
Handlungsgliederung verdeutlicht jedoch, wie entscheidend für
die Gesamtkonzeption des Dramas die Akteinteilung sein kann.
Die Einteilung der dramatischen Handlung in fünf Akte entstammt der römischen Tragödie. Von Horaz in seiner *Ars Poetica*[13] zum ersten Mal postuliert und von Seneca in seinen Tragödien streng durchgeführt, wurde das Fünfaktschema in der neueren europäischen Dramatik seit der Renaissance zum vorherrschenden Kompositionsprinzip, so z. B. in der tragédie classique, im deutschen Barockdrama (5 „Abhandlungen") und in der deutschen Klassik (5 Akte bzw. „Aufzüge"). Neben dem *Fünfakter* findet sich als zweithäufigste Form der *Dreiakter,* der besonders in der italienischen, spanischen und portugiesischen Dramatik vertreten ist. Im 19. Jahrhundert kommt zu diesen konventionellen Bauformen der *Vierakter* hinzu, der, wie auch der *Zweiakter,* Freytags Schema, das von der Fünf- bzw. Dreiaktigkeit als der naturgegebenen Form des Dramas ausgeht, nicht mehr entspricht. An die Stelle des symmetrisch-pyramidalen Baues tritt so beispielsweise in Gerhart Hauptmanns Komödie *Der Biberpelz* die

---

12 Zur Kritik an Freytags Dramentheorie, vor allem an deren ideologischen Implikationen siehe: Helmut Schanze: Drama im bürgerlichen Realismus (1850–1890). Theorie und Praxis, Frankfurt 1973, S. 74 ff.; Helmut Kreuzer: Zur Theorie des deutschen Realismus zwischen Märzrevolution und Naturalismus, in: Reinhold Grimm/Jost Hermand (Hrsg.): Realismustheorien in Literatur, Malerei, Musik und Politik, Stuttgart 1975, S. 48 ff.
13 Vgl. den Textauszug daraus in Gottscheds Übersetzung in der Textdokumentation dieses Bandes, S. 117 f.

analog gebaute Variation des gleichen Themas (Diebstahl) in zwei
Teilen zu je zwei Akten, mit Wiederholung der gleichen Schauplätze:

A: Holzdiebstahl   I. Akt: Küche der Mutter Wolffen
                       II. Akt: Amtszimmer Wehrhahns
B: Pelzdiebstahl   III. Akt: Küche der Mutter Wolffen
                      IV. Akt: Amtszimmer Wehrhahns.

Das Beispiel[14] zeigt, daß der Akteinteilung – sofern sie nicht nur rein äußerlich schematisch gehandhabt wird – eine wichtige Funktion im Ablauf der dramatischen Handlung zukommt und wesentliche Aufschlüsse über die Konzeption des Stückes geben kann. – Zur bevorzugten Form des modernen Dramas wird neben dem Zweiakter vor allem der *Einakter* (Schnitzler, Beckett, Ionesco, Wilder).[15]

Die Anzahl der Akte (vom Mehrakter bis zum Einakter) steht sicher funktional zur Durchführung der dramatischen Handlung. Die Betonung der Handlungsentwicklung, die komplexe Darstellung der Handlungsträger etwa durch Psychologisierung sind in dem Maße reduziert, wie das Drama sich vom traditionellen Mehrakter fortbewegt. Peter Szondi begründet die Zunahme gerade des Einakters beim modernen Drama mit der Krise des Dramas Ende des 19. Jahrhunderts. Diese Krise wiederum sieht er als Resultat einer gesellschaftlichen Entwicklung, d. h. historischer Verhältnisse, „welche die Menschen aus dem zwischenmenschlichen Bezug in die Vereinzelung treiben".[16] Letzte Konsequenz wäre – was

---

14 Siehe hierzu die Interpretation und die Auseinandersetzung mit Freytag in Reinhold Grimms Aufsatz: Pyramide und Karussell, in: R. G.: Strukturen. Essays zur deutschen Literatur, Göttingen 1963, S. 8 ff. (Jetzt auch in: Werner Keller (Hrsg.): Beiträge zur Poetik des Dramas, Darmstadt 1976, S. 352 ff.).
15 Siehe Diemut Schnetz: Der moderne Einakter. Eine poetologische Untersuchung, Bern 1967.
16 Peter Szondi: Theorie des modernen Dramas (1880–1950), 7. Aufl. Frankfurt/M. 1970 (edition suhrkamp 27), S. 95.

Szondi selbst sieht — der Monolog oder das Schweigen. Gleichsam Indiz für die allgemeine Hoffnungslosigkeit menschlicher Existenz, gerät das Schweigen zum adäquaten Ausdruck von Nichtkommunikation, von Isolierung. Dieser resignativen Weltsicht widerspricht schon allein die Tatsache, daß dem Leiden an solch entfremdeter und entfremdender Welt immer wieder sprachlicher Ausdruck verliehen wird. Als Beispiel dafür mag die Dramatik des deutschen Expressionismus stehen. Nicht zufällig ist auf den ersten Blick die Kurzform des Einakters ein Merkmal expressionistischer Dramatik. Ihr kommt es nicht mehr darauf an, den dramatischen Konflikt in seinen verschränkten Handlungssträngen zu entfalten, sie drängt zusammen, zerrt zumeist ein Motiv schlagwortartig ins Bühnenlicht. „Die Spannung im Einakter liegt nicht im Verknüpfen von Handlungen, nicht im Verheimlichen ihres Fortgangs und im langsamen Aufdecken, sondern in der Art, wie Einfälle durchexerziert werden."[17]

Neben dem Akt als einem übergreifenden Kompositionselement im Handlungsaufbau kennt das Drama als weitere Baueinheiten die *Szene* und den *Auftritt,* wobei die Szene teils einem Auftritt (= Spanne zwischen dem Auftreten und Abtreten der Schauspieler) entspricht, teils eine größere Handlungseinheit aus einer Reihe von Auftritten beinhaltet. Demgegenüber stellt der Akt einen mehrere Szenen bzw. Auftritte umfassenden, in sich geschlossenen Handlungsabschnitt dar, der seit dem 18. Jahrhundert zunehmend durch Öffnen und Schließen des Bühnenvorhangs markiert und deshalb auch häufig als *Aufzug* bezeichnet wird.

Dieser Terminus verweist darauf, daß die uns geläufige Form des Aktestückes sich in enger Wechselbeziehung zu einer bestimmten Bühnenform, der sog. Illusions- bzw. *Guckkastenbühne,* ent-

---

17 Walter Höllerer: Warum dieses Buch gemacht worden ist, in: Spiele in einem Akt. 35 exemplarische Stücke, hrsg. von W. Höllerer in Zusammenarbeit mit M. Heyland und N. Miller, Frankfurt/M. 1961, S. 550.

wickelt hat, von der sich sowohl die griechische *Orchestrabühne* als auch die *Shakespearebühne* grundsätzlich unterscheiden. Entsprechend unterschiedlich ist der Bau der für sie konzipierten Stücke. Weder die griechische Tragödie, die sich in *Stasima* (= Chorlieder) und *Epeisodia* (= die dazwischen liegenden Dialog- und Handlungspartien) gliedert[18], noch die Stücke Shakespeares, die ursprünglich allein nach Szenen gegliedert waren, kannten die Akteinteilung[19]. Diese ist vielmehr erst von den späteren Editoren und Übersetzern der griechischen Tragödien und der Stücke Shakespeares in Anpassung an die herrschende Bühnenkonvention vorgenommen worden.

Erleichtert wurde diese Anpassung freilich in beiden Fällen durch eine dramaturgische Grundstruktur, der vielfach eine immanente Fünfteiligkeit eigen ist. So weisen etwa die meisten griechischen Tragödien *fünf Epeisodia* auf[20]. Auch die Stücke Shakespeares besitzen häufig eine latente Fünfteiligkeit, auch wenn sie keine Aktmarkierung haben, sondern entsprechend der elisabethanischen Bühnenpraxis und — in Anknüpfung an die englische Theatertradition der Mysterien- und Moralitätenspiele — nur die *Szene* als einzige Spiel- und Segmentierungseinheit kennen[21].

Innerhalb der Handlungsgliederung im Drama stellt also der Auftritt die kleinste Segmentierungseinheit dar. Die nächsthöhere besteht aus einer Zusammenfassung von Auftritten in Form des Aktes (französisch-klassizistische Tradition) oder der Szene (Shakespeare-Tradition), — was sich in zwei unterschiedlichen

---

18 Vgl. hierzu Klaus Aichele: Das Epeisodion, in: Walter Jens (Hrsg.): Die Bauformen der griechischen Tragödie, München 1971 (Beihefte zu Poetica, Heft 6), S. 47 ff.
19 Siehe Manfred Pfister: Das Drama, S. 316 f.; ferner Ina Schabert: Der dramatische Stil, in: I. Schabert (Hrsg.): Shakespeare-Handbuch, Stuttgart 1972, S. 243 ff., speziell den Abschnitt „Die Aufgliederung der Handlung: Fünf-Akt-Struktur?", S. 258 ff.
20 Vgl. hierzu die Übersicht von Aichele, in: Walter Jens (Hrsg.): Die Bauformen der griechischen Tragödie, S. 50 f.
21 Näheres bei Ina Schabert, in: Shakespeare-Handbuch, S. 258 f.

Kompositionstypen und in widersprüchlicher Terminologie manifestiert: „finden sich in der Shakespeare-Tradition die drei Segmentierungsniveaus von Auftritt, Szene und Akt, so weist die französische Tradition nur die zwei Niveaus von Auftritt und Akt auf. Dabei ergeben sich folgende Entsprechungen:
Shakespeare-Tradition: Auftritt Szene Akt
französische Tradition: *scène* *acte*"[22].

Wenn sich also auch in Shakespeares Stücken eine latente Fünf-Akt-Struktur rekonstruieren läßt, so ist doch als gravierender Unterschied zum klassizistischen französischen Drama zu vermerken, „daß im Drama Shakespeares die Einteilung in Szenen das dominante Segmentierungsniveau darstellt, die Szene also die entscheidende kompositorische Einheit darstellt, während dies in der französischen Tradition der Akt ist. Dadurch ist die Gesamtkonzeption im Drama der Shakespeare-Tradition kleingliedriger und variabler als im Drama der französischen Tradition, das fünf Akte als feste und relativ gleichförmige Bauelemente blockhaft aneinanderfügt."[23]

---

22 Manfred Pfister: Das Drama, S. 317.
23 Ebda., S. 317.

4. Exkurs zur Bühnenform[24]

Orchestrabühne.(griech. orchestra = Tanzplatz). Im griechischen Freilicht-Theater bildet der kreisrunde Orchestra-Platz zwischen ‚Skene' (Bühnenhaus) und dem ansteigenden, fast ringförmigen Zuschauerraum die Hauptspielfläche. Auf dieser befindet sich in der klassischen Zeit des griechischen Dramas der Chor und agieren die Schauspieler. Erst später verlagert sich mit dem Zurücktreten des Chors als aktiver Handlungsteilnehmer das Spiel der Akteure zur Skene hin und findet zunehmend auf (eventuell erhöhter) Vorskene, dem ‚Proskenion', statt (Endpunkt dieser Entwicklung ist das *römische Amphitheater).*

Die Skene mit großem Mitteltor oder auch drei Türen dient (neben den ‚Paradoi', den seitlichen Zugangswegen) dem Auf- und Abtreten der Schauspieler sowie dem Kostüm- und Maskenwechsel während der Standlieder des Chors. Die Skene ermöglicht ferner die Vorstellung von Innenraumgeschehen und damit die indirekte Darstellung von Morden usw. in Form von *verdeckter Handlung,* d. h. der Vorgang im Inneren des Gebäudes ist dem Blick des Zuschauers entzogen, dieser vernimmt höchstens akustisch den hinterszenischen Geschehnisablauf (z. B. die Schreie Agamemnons bei seiner Ermordung durch Klytaimnestra in der *Orestie* von Aischylos) oder/und sieht erst im nachhinein das Resultat der verdeckten Handlung bei Öffnen des Tores (z. B.

---

[24] Einen kurz gefaßten Überblick über die Entwicklung geben Margret Dietrich: Bühnenform und Dramenform; Walther Unruh: Theaterbau und Bühnentechnik, in: Martin Hürlimann (Hrsg.): Das Atlantisbuch des Theaters, Zürich/Freiburg i. Br. 1966, S. 64 ff. und S. 101 ff. – Es sei hier ferner auf zwei reich bebilderte einbändige Theatergeschichten hingewiesen. Margot Berthold: Weltgeschichte des Theaters, Stuttgart 1968; Bamber Gascoigne: Illustrierte Weltgeschichte des Theaters, München/Wien 1971.

Grundformen des antiken Theaters

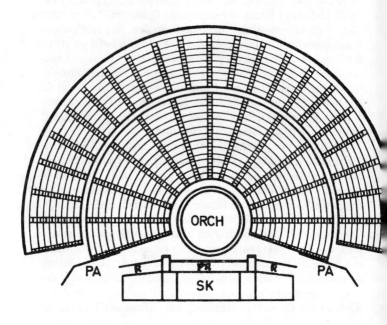

Griechisches Theater (Epidauros)

Erläuterung:

ORCH = Orchestra
PR = Proszenium
SK = Skene
R = Rampe
PA = Parados

(aus: Walther Unruh: Theatertechnik, Berlin/Bielefeld 1969, S. 10 und 11)

Grundformen des antiken Theaters

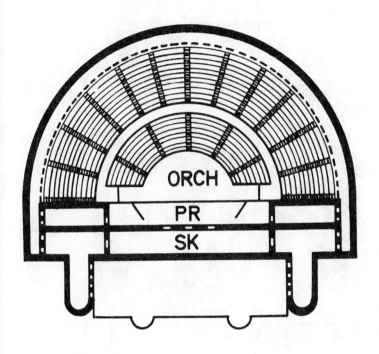

Römisches Amphitheater (Marcellustheater, Rom)

Erläuterung:

ORCH = Orchestra
PR = Proszenium
SK = Skene
R = Rampe
PA = Parados

(aus: Walther Unruh: Theatertechnik, Berlin/Bielefeld 1969, S. 10 und 11)

Das Swan-Theater in London, etwa 1596, in der zeitgenössischen Skizze von Arend van Buchell nach einer Vorlage von Johannes de Witt.

(aus: Bamber Gascoigne: Illustrierte Weltgeschichte des Theaters, München/Wien 1971, S. 116)

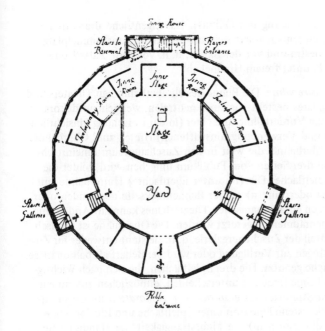

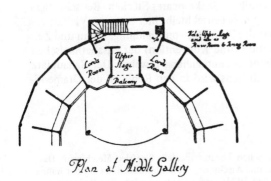

Das Globetheater in Southwark/London nach der Rekonstruktionszeichnung des Erdgeschosses und des ersten Stockwerks von G. Tophan Forrest.

(aus: Martin Hürlimann (Hrsg.): Das Atlantisbuch des Theaters, Zürich/Freiburg i. Br. 1966, S. 110) die Selbstblendung des Ödipus). Das eigentliche dramatische Geschehen jedoch spielt sich auf dem neutralen Sammelplatz der Orchestra und vor der Skene, d. h. vor dem ‚Palast' oder ‚Tempel', unter freiem Himmel ab[25].

Shakespearebühne. Die Bühne des elisabethanischen Theaters und Shakespeares besteht aus einer neutralen, weitgehend dekorationslosen Vorderbühne und einer (in der Forschung hinsichtlich Anlage und Verwendung umstrittenen) Hinter- und Oberbühne. Die Vorderbühne, die weit in den Zuschauerraum hineinreicht und von drei Seiten vom Publikum umgeben wird, bildet die Hauptspielfläche. Die (mitunter überdachte) Hinterbühne mit Vorhang oder Türe(n) an der Bühnenrückseite des runden oder vieleckigen elisabethanischen Theaterbaues kann zur Andeutung von Innenräumen eingesetzt werden. Die Oberbühne ist faktisch Bestandteil der Zuschauergalerie, d. h. sie steht entweder für Zuschauerlogen zur Verfügung oder wird bei Bedarf als balkonartige Spielfläche genutzt. Die drei Spielflächen, die sich nach Wichtigkeit und Spielfrequenz unterscheiden, ermöglichen zusammen mit dem Stilmittel der *gesprochenen Dekoration* im Gegensatz zur Guckkastenbühne (mit einer Spielfläche und Illusions- bzw. Verwandlungsprinzip) die Mehrsträngigkeit der Handlung und die Kurzszenentechnik in Shakespeares Stücken. Bei schnellem Szenen- und Schauplatzwechsel bleibt hier trotz der Vielfalt von Einzelszenen sowie der Pluralität von Handlung, Raum und Zeit durch die Konzeption (und Konvention) der elisabethanischen Bühne der Handlungszusammenhang gewahrt. Der Schauplatz des jeweiligen Geschehens wird in den Repliken der Dramenfi-

---

[25] Siehe zum griechischen Theater speziell: Siegfried Melchinger: Das Theater der Tragödie. Aischylos, Sophokles, Euripides auf der Bühne ihrer Zeit, München 1974; ferner Klaus Joerden: Zur Bedeutung des Außer- und Hinterszenischen, in: Walter Jens (Hrsg.): Die Bauformen der griechischen Tragödie, S. 369 ff.

guren näher beschrieben, also allein in der Phantasie des Zuschauers hervorgerufen. Dieses Stilprinzip des elisabethanischen Theaters wird auch als *Wortkulisse* bezeichnet[26].

Mit Robert Weimann ist jedoch zu betonen: „Die zügige Spielfolge und die für Shakespeares Dramen so charakteristische Kurzszene erklären sich nicht so sehr aus dem Wechsel zwischen der hinteren, oberen und vorderen Spielfläche, sondern aus dem Fortleben traditioneller Bühnenkonventionen. (...) sie machen die Vorderbühne zu einem noch stärker wandlungsfähigen und flexiblen Schauplatz, zu jener Spielfläche, die im Grunde bekanntlich neutral war, d. h. frei von aller Illusion als tatsächliche Bühne empfunden wurde. (...) Diese Spielfläche war also gar keine ‚Vorder'-Bühne im engeren Sinne, sondern die *Haupt*bühne, die eigentliche Spielfläche. Ihre nahezu pausenlose Benutzung — auch bei Innenszenen — beweist das konsequente Streben der elisabethanischen Dramatiker und Schauspieler, den theatralischen Vorgang in unmittelbarer Nähe, ja inmitten der Zuschauermenge zu realisieren."[27]

Guckkastenbühne. Ihre Entwicklung ist eng mit dem Beginn von Theateraufführungen in geschlossenen Räumen bei künstlichem Licht und unter Verwendung von Kulissen im europäischen Hoftheater des 17. und 18. Jahrhunderts verbunden. Es entsteht hierbei eine Bühnenform, die eigentlich bis heute das Theater bestimmt: Die Bühne, durch Rampe und Bühnenportal mit Vorhang vom Zuschauerraum getrennt, präsentiert sich als dreiseitig abgeschlossener Kasten, dessen vierte Seite (die imaginäre ‚vierte

---

[26] Näheres bei Manfred Pfister: Das Drama, S. 43 und S. 217. Siehe ferner Helmut Castorp: Das elisabethanische Theater, in: Ina Schabert (Hrsg.): Shakespeare-Handbuch, S. 73 ff. sowie Robert Weimann: Shakespeare und die Tradition des Volkstheaters, 2. Aufl. Berlin/DDR 1975, speziell: „Shakespeares Plattformbühne: Tradition und Gestaltung", S. 353 ff.
[27] Robert Weimann: Shakespeare und die Tradition des Volkstheaters, S. 356 f.

Szene aus Corneilles *Cid*. Kulissenbühne der Wandertruppen, mit Mittelvorhang, um 1655. Titelkupfer der Teutschen Schawbühne von Isaak Clauß, Straßburg 1655.

(aus: Friedrich Michael: Geschichte des deutschen Theaters, Stuttgart 1969, S. 65).

Bürgerliches Theater um 1780. Kulissenbühne mit praktikabler Tür, gemaltem Fenster, offener Rampenbeleuchtung und Souffleurkasten. Zeitgenössischer Stich

(aus: Margot Berthold: Weltgeschichte des Theaters, Stuttgart 1968, S. 375)

Wand') dem Zuschauer Einblick in das Bühnengeschehen erlaubt und ihm die Illusion gibt, als zufälliger Zeuge an einem realen Geschehen teilzunehmen. Seine konsequenteste Ausprägung erfährt dieser szenische Illusionismus im naturalistischen Drama und Theater, etwa in der geschlossenen Zimmerdekoration[28]. Sowohl Hauptmann als auch Strindberg gebrauchen die Metapher von der ‚vierten Wand' zur Erklärung ihrer naturalistischen Darstellungs- und Wirkungsabsicht. Strindberg betont zwar, daß man die Bühne nicht zu einem natürlichen Zimmer machen könne, dem die vierte Wand fehlt, zugleich aber wünscht er eine ‚natürliche' Spielweise: entscheidende Szenen sollen nicht mit direkter Wendung zum Publikum, etwa am Souffleurkasten gespielt, sondern der dramatischen Situation entsprechend im Bühnenraum plaziert werden[29]. Hauptmann bemerkt anläßlich seines Stückes *Vor Sonnenaufgang*, daß er es geschrieben habe, ,,ohne an das Publikum nur zu denken, als ob die Bühne nicht drei, sondern vier Wände hätte."[30] Bei Ibsen soll der Zuschauer seines Stücks *Ein Volksfeind* ,,das Gefühl haben, unsichtbar in Dr. Stockmanns Wohnzimmer anwesend zu sein; alles muß da *wirklich* sein (. . .)"[31].

Erst mit Rückkehr zu nur andeutender Dekoration (siehe hierzu Strindbergs Äußerungen, Dokumentation S. 154 f.), Vorziehen der Bühne in den Zuschauerraum, Sichtbarmachen der Lichtquellen (bes. bei Brecht) usw. wird die Illusionswirkung der Guckkastenbühne aufzuheben versucht und der Spielcharakter des Dargestellten wieder betont. Neue bühnentechnische Mittel werden

---

28 Vgl. Joachim Hintze: Der Raum im naturalistischen Drama. Eine Skizze zu den frühen Arbeiten Gerhart Hauptmanns, in: Werner Keller (Hrsg.): Beiträge zur Poetik des Dramas, Darmstadt 1976, S. 30 ff.
29 Vgl. Günther Mahal: Naturalismus, München 1975, S. 80.
30 Zitiert bei Manfred Brauneck: Literatur und Öffentlichkeit im ausgehenden 19. Jahrhundert. Studien zur Rezeption des naturalistischen Theaters in Deutschland, Stuttgart 1974, S. 163.
31 Zitiert bei Günther Mahal: Naturalismus, S. 72.

nicht mehr zu Steigerung der Illusion bzw. der Einfühlung der Zuschauer benutzt, sondern zu deren Brechung (vgl. Piscator, Dokumentation S. 156 ff.).

Der mit Entstehung der Guckkastenbühne eingeführte *Bühnenvorhang* (als Abschluß gegen den Zuschauerraum) dient zunächst nur zur Eröffnung und zum Beschließen der Aufführung, so etwa beim klassizistischen französischen Drama Racines und Corneilles. Später (Ende des 18. Jahrhunderts) wird der Vorhang auch zwischen den Akten zum Verbergen des bei Schauplatzwechsel erforderlichen Bühnenumbaus – und damit zur Aufrechterhaltung der theatralischen Illusion – eingesetzt. Den gleichen Zweck hat der ‚Zwischenvorhang' bei Szenenwechsel innerhalb eines Aktes. Eine moderne Variante des ‚Zwischenvorhangs' stellt die halbhohe ‚Brechtgardine' dar, die (zwecks Zerstörung der Illusion) die Umbauten auf der Bühne nur teilweise verdeckt und dadurch die dramatische Fiktion und das Theater als Stätte des Spiels bewußt hervorhebt[32].

5. Prinzip der Einheit (Handlung, Raum, Zeit)

Wie sehr Dramentheorie, Dramenproduktion und Bühnenform sich wechselseitig bedingen, demonstriert am deutlichsten die klassizistische Theorie von den *drei Einheiten.* Sie fordert für das Drama die Einheit der Handlung, des Ortes und der Zeit, d. h. eine einzige, linear und kontinuierlich durchgeführte Handlung, die sich an einem Ort (kein Schauplatzwechsel) innerhalb eines Tages (ca. 24 Stunden) ereignet. Diese Theorie basiert zwar auf der aristotelischen Definition der Tragödie als Nachahmung einer einzigen und vollständigen Handlung[33], die sich über nicht viel mehr

---

32 Zur Bühnentechnik des ‚Guckkasten- und Illusionstheaters' sowie der modernen antiillusionistischen Bühne siehe Walther Unruh: Theatertechnik, Berlin/Bielefeld 1969.
33 *Poetik* Kap. 7 und 8, siehe Dokumentation, S. 114.

als einen „Sonnenumlauf"[34] erstrecken soll, praktisch aber bedeutet sie die Übertragung der besonderen Gegebenheiten der griechischen Orchestrabühne auf die völlig anders geartete Guckkastenbühne. Die Einheit des Ortes (für die es bei Aristoteles keinen Anhaltspunkt gibt) war für das griechische Drama zwangsläufig gegeben durch die Beschaffenheit des griechischen Theaters, die dem Dramatiker nur Darstellung von Geschehen im Freien, nie aber in Räumen (höchstens als *verdeckte Handlung*) gestattete, sowie durch die ständige Anwesenheit des Chores auf der Bühne, der durch seine Gesänge (Stasima) zwischen den einzelnen Handlungsabschnitten (Epeisodia) gleichzeitig die äußere Einheit der Handlung gewährleistete. Die Form der griechischen Bühne bedingte so indirekt auch die Einheit der Zeit im griechischen Drama, da sie eine stark auf die Endphase des Geschehens konzentrierte Handlungskonzeption veranlaßte.

Ohne diesen ursächlichen Zusammenhang zwischen griechischem Drama und griechischer Bühne zu erkennen, leitete die Renaissancepoetik (Scaliger 1561, Castelvetro 1576, Sidney 1595) aus den angeführten Aristoteles-Stellen die Forderung der Einheit der Handlung, des Ortes und der Zeit ab. Andererseits ist diese Forderung der Renaissancepoetik und deren konsequenteste Verwirklichung im klassizistischen französischen Drama (Racine, mit Einschränkung Corneille) ebenfalls nur im Zusammenhang mit der zeitgenössischen Bühne zu verstehen. Letztlich ist die Einheitentheorie „ — mochte sie immer an die problematische Aristotelesstelle über den Sonnenumlauf anknüpfen – (...) im Faktum der Rahmenbühne fundiert"[35], die erst zu einer totalen Trennung zwischen Zuschauern und Bühne und damit paradoxerweise zu-

---

[34] Aristoteles: *Poetik* (Kap. 5), S. 32: „Die Tragödie versucht so weit wie möglich sich in einem einzigen Sonnenumlauf oder doch nur wenig darüber hinaus abzuwickeln. Das Epos verfügt über unbegrenzte Zeit und unterscheidet sich auch darin, obschon dies ursprünglich in der Tragödie gleich gehalten wurde wie im Epos."
[35] Käte Hamburger: Die Logik der Dichtung, S. 169.

gleich zu einer Verwischung der Grenze von Spiel und Wirklichkeit führte. Die Bühne erscheint nicht länger als Ort eines Spiels (als die sie im griechischen Theater durch Verwendung von *Masken* oder im elisabethanischen durch das Mittel der *gesprochenen Dekoration* stets gekennzeichnet blieb), sondern wird zu einem Ort, der die Realität des Dargestellten vortäuscht.

So plädiert beispielsweise Corneille in seinem *Discours des trois unités* (1660) für die weitgehende Übereinstimmung von (fiktiver) Handlungs- und (realer) Aufführungsdauer „und die keineswegs deutlich zum Ausdruck gebrachte Voraussetzung dafür war, daß der Zuschauer die Wirklichkeit und damit die Gegenwärtigkeit seiner Anwesenheit im Theater auf diejenige der sich vor ihm abspielenden Handlung und agierenden Schauspieler übertrage, daß vor allem diese selbst in dieser Wirklichkeit ständen."[36]

Diese Auffassung, die der Einheitentheorie und dem Illusionsprinzip der Guckkastenbühne zugrundeliegt, verkennt die Eigenwirklichkeit der Bühne, die nicht einfach der Wirklichkeit des Zuschauers gleichgesetzt werden kann. Die Bühne gehört nur materialiter, d. h. als Spielfläche der raumzeitlichen Wirklichkeit des Zuschauers an, als Schauplatz der *dramatischen Fiktion* jedoch ist sie „so gut wie ein erzählter Schauplatz, ein gedachter, imaginärer, fiktiver Raum".[37] Die Theaterbühne steht mithin in einer engen Analogie zum epischen Präteritum in der Erzählung: als Medium des dramatischen Spiels behält sie ebensowenig ihren realen Gegenwartscharakter wie das erzählende Präteritum in der epischen Fiktion seinen grammatischen Vergangenheitswert.[38]

---

36 Käte Hamburger: Die Logik der Dichtung, S. 169.
37 Ebda., S. 170.
38 Vgl. hierzu K. Hamburger, ebda. S. 171 ff. Zur Erklärung des epischen Präteritums siehe auch Jochen Vogt: Aspekte erzählender Prosa, Düsseldorf 1972 (Grundstudium Literaturwissenschaft, Bd. 8), S. 16 ff.

Obgleich bereits Lessing und Herder[39] unter Hinweis auf Shakespeares Stücke den normativen Anspruch der Einheitentheorie (so z. B. noch bei Gottsched[40]) zurückwiesen, indem sie die aristotelischen ‚Regeln', auf die sich das klassizistische Einheitsideal berief, aus den besonderen Bedingungen der griechischen Bühne ableiteten und damit deren Historizität betonten, hat die (totale oder teilweise) Wahrung der Einheiten bis heute ihre dramaturgische Bedeutung behalten, wenn sie sich für die Realisation eines bestimmten Motivs (z. B. Einsamkeit, Abschiednehmen o. ä.) als zweckmäßig oder gar für dramaturgisch notwendig erweist. Dies gilt etwa für die szenische Verdeutlichung des Eingeschlossenseins in so verschiedenen Stücken wie Dürrenmatts *Die Physiker,* Sartres *Bei geschlossenen Türen* und Goerings *Seeschlacht.* Die beiden letztgenannten Dramen sind übrigens Einakter, gehören also zu jener Dramenform, der die weiteste Entwicklung fort von der traditionellen Poetik nachgesagt wird. Was jedoch die durch die Dramengeschichte selbst brüchig gewordene Norm der drei Einheiten anbetrifft, so präsentiert sich gerade der Einakter hier als reinster Vertreter des Einheitsprinzips. Wenn also der Diskussion um die Problematik der drei Einheiten heute noch Stellenwert zukommt, dann im Hinblick auf die dramaturgischen Konsequenzen dieser poetologischen Regel.

Innerhalb der Gattungspoetik aber wurde das Kriterium der Einheit zum wichtigsten Ausgangspunkt für die Bestimmung zweier Grundtypen dramatischer Gestaltung, die Arnulf Perger als *Einortsdrama* und *Bewegungsdrama* charakterisierte[41] und Volker Klotz als *geschlossene* und *offene Form* des Dramas beschrieb.[42]

---

39 Siehe Dokumentation, S. 133 f. u. S. 138 bis 141.
40 Siehe Dokumentation, S. 127 f.
41 Arnulf Perger: Grundlagen der Dramaturgie, Graz 1952.
42 Volker Klotz: Geschlossene und offene Form im Drama, München 1960.

In nahezu idealtypischer Ausprägung präsentiert sich der Formtyp des geschlossenen Dramas in der *tragédie classique,* vor allem bei Racine, etwa in *Phädra.* Ihre strenge Geschlossenheit der Handlung, die sich hier aus der Wahrung der Orts- und Zeiteinheit ergibt, wird bereits auch äußerlich gewährleistet, indem bei Szenenwechsel innerhalb eines Aktes mindestens eine Person auf der Bühne anwesend bleibt, um die Kontinuität des Geschehnisablaufs sicherzustellen, und das Stück ohne Pausen zwischen den Akten durchgespielt wird. Erst im weiteren Verlauf der Dramengeschichte wurde mit zunehmender Abkehr von der starren Einheitenkonvention diese äußere, rein dramentechnische Geschlossenheit der Handlung, die die tragédie classique kennzeichnet, durch Benutzung des *Vorhangs* zwischen (später auch in) den einzelnen Akten durchbrochen, was einen wenn auch begrenzten Orts- und Zeitwechsel innerhalb der dramatischen Handlung ermöglichte.

Die formale Geschlossenheit der tragédie classique manifestiert sich jedoch nicht nur in der Handlungsverknüpfung (liaison des scènes durch das Prinzip der Personenkette), sondern auch in der Beschränkung des dramatischen Personals auf eine geringe Anzahl und die gleiche Gesellschaftsschicht (*Ständeklausel*[43]), die ihrerseits die einheitlich ‚hohe' Sprache der Figuren zur Folge hat (Vers, Sentenzen) sowie in dem streng tektonischen Handlungsaufbau. Proportion und Symmetrie bestimmen diesen (pyramidaler Bau, Fünfaktschema mit Mittelachse im dritten Akt) ebenso wie die Personengruppierung (Zweipoligkeit von Spiel und Gegenspiel) und die Dialoggestaltung.

---

43 Bis Ende des 18. Jahrhunderts wirksame Forderung der Renaissancepoetik, nach der die Tragödie Personen von hohem Stand (Fürsten, Könige) vorbehalten war, die Komödie hingegen den niederen Ständen. Vgl. hierzu die entsprechenden Ausführungen von Opitz in der Dokumentation am Schluß dieses Bandes, S. 119 f.

Historisch gesehen ist diese formale Geschlossenheit der tragédie classique das Resultat der mit der Renaissance einsetzenden Rezeption des antiken Dramas und der antiken Dramentheorie: Die einzelnen Komponenten, die die Geschlossenheit der tragédie classique bedingen, sind größtenteils bereits in der (an der griechischen Tragödie orientierten) römischen Tragödie Senecas, die zum unmittelbaren dramaturgischen Vorbild der tragédie classique wurde, zu beobachten (z. B. stoffliche, zeitliche und örtliche Begrenzung der dramatischen Handlung, sowie zahlenmäßige Beschränkung der dramatis personae). Sie sind zudem in der antiken Dramentheorie ansatzweise (so die klassizistische Einheitentheorie und Ständeklausel bei Aristoteles in der *Poetik* Kap. 5, 8, 15) oder direkt (Fünfaktegliederung und Anzahl der Sprechenden bei Horaz in seiner *Ars Poetica*[44]) formuliert.

Aus der *Opposition* gegen die Einheitenpraxis und strenge Regelmäßigkeit der tragédie classique entwickelte sich der Formtyp des offenen Dramas. Entscheidende Impulse gingen dabei vom (zeitlich vor der tragédie classique liegenden) *Drama Shakespeares* aus, das in seiner allen klassizistischen Regeln widersprechenden *Pluralität* von Handlung, Zeit, Ort, Personen und Sprache bereits charakteristische Stilmerkmale der offenen Form vorwegnimmt. Im einzelnen manifestiert sich diese bei Shakespeare zu beobachtende Pluralität in einer komplexen, häufig mehrsträngigen Handlung, in deren weiter Zeiterstreckung und in der Vielfalt ihrer Schauplätze sowie in einer Vielzahl von Personen (zahlreiche Nebenfiguren, Massenszenen). Sie äußert sich ferner in der damit verbundenen ständischen und sprachlichen Mischung (hohe und niedere Personen, hoher Stil und alltägliche Sprache, Vers und Prosa) wie auch in der für Shakespeare charakteristischen Mischung von Tragik und Komik. Bei aller Tendenz zur offenen bzw. atektonischen Form des Dramas (Durchbrechen der drei

---

[44] Siehe den Textauszug in Gottscheds Übersetzung in der Dokumentation, S. 117 f.

Einheiten, der Ständeklausel und des Prinzips der Stiltrennung) finden sich bei Shakespeare jedoch auch noch Stilelemente des geschlossenen Dramas. Seine Stücke, selbst „die locker gebauten Historien", zeigen so „*in* der offenen Form Züge des tektonischen Typs".[45]

In der Konstituierung eines offenen atektonischen Dramentyps in der nachklassizistischen Dramatik wurden diese jedoch zusehends aufgegeben. Bereits das von Shakespeare (durch Wielands und Eschenburgs Prosaübersetzungen) entscheidend beeinflußte Drama des Sturm und Drang (Goethe *Götz von Berlichingen,* Lenz *Die Soldaten*) erreicht eine — im Vergleich zu Shakespeare — extreme Auflockerung von Handlung, Raum und Zeit. Über Büchner (besonders *Woyzeck*), Grabbe und Wedekind führt diese Entwicklung zum sogenannten *Stationendrama*[46] Strindbergs und des Expressionismus, das seiner Bezeichnung entsprechend, nur noch einzelne räumlich und zeitlich voneinander isolierte Stationen aus einem größeren Geschehniskomplex wiedergibt.

So zeigt beispielsweise Strindbergs Trilogie *Nach Damaskus,* die das expressionistische Drama entscheidend beeinflußt hat, den

---

45 Volker Klotz: Geschlossene und offene Form im Drama, S. 238. — An Stelle von *geschlossener* und *offener Form* werden vielfach auch die Begriffe *tektonisch* und *atektonisch* in der dramentheoretischen Literatur gebraucht. Die Termini entstammen dem Griechischen (tekton = Zimmermann). Als *tektonisch* bezeichnet man Werke von strengem, geschlossenem Aufbau, die Einzelteile stehen nicht für sich, sondern haben ihren spezifischen Stellenwert in einem hierarchisch gegliederten Gesamtgefüge. Beim *atektonischen* Prinzip hingegen wird bewußt auf einen strengen, geschlossenen Aufbau verzichtet. Es herrscht vielmehr eine lockerere, offenere Komposition vor, in der die Einzelteile Selbständigkeit und Eigengewicht erlangen.
46 Vgl. hierzu den Beitrag von Paul Stefanek: Zur Dramaturgie des Stationendramas, in: Werner Keller (Hrsg.): Beiträge zur Poetik des Dramas, Darmstadt 1976, S. 383 ff.

Läuterungsweg[47] eines „Unbekannten", dessen einzelne Stationen in 34 Szenen vorgeführt werden. Die in allen (!) Szenen auftretende zentrale Figur dieses Stücks ersetzt hier die fehlende Kontinuität der dramatischen Handlung (Einheit der Figur statt Einheit der Handlung). Die von Strindberg in der Damaskus-Trilogie angewandte Stationentechnik bestimmt auch sein *Traumspiel,* in dem er nach eigener Angabe „die unzusammenhängende, aber scheinbar logische Form des Traums nachzuahmen" versucht und zum Strukturprinzip wählt.[48]

Die mit der Stationentechnik verbundene zunehmende *Episierung*[49] der dramatischen Handlung, die zum wichtigsten Kennzeichen des offenen Dramas der Neuzeit wird, kulminiert im *epischen Theater Brechts,* das gleichfalls auf dem Prinzip der Reihung von selbständigen Einzelszenen basiert, darüber hinaus aber durch die direkte Einbeziehung epischer bzw. erzählerischer Stilmittel (Titelprojektionen, Spruchbänder, Erzählerfigur, kommentierende Songs) das Drama um neue Gestaltungsmöglichkeiten erweiterte.

6. Formtypen

Nach diesem kursorischen Überblick über die historische Entstehung und Entwicklung zweier unterschiedlicher Formtypen des Dramas seien im folgenden deren einzelne Stilzüge in einer systematischen Übersicht referiert. Es gilt dabei jedoch zu beachten,

---

47 Es sei hier auf folgende Arbeit verwiesen: Norbert Neudecker: Der ‚Weg' als strukturbildendes Element im Drama, Meisenheim 1972.
48 Siehe hierzu Strindbergs Text in der Dokumentation dieses Bandes, S. 152 f. u. 155.
49 Vgl. hierzu Volker Klotz: Geschlossene und offene Form im Drama, S. 19; ferner Manfred Pfister: Das Drama, S. 21 f. und S. 103 ff. – Eine historische Untersuchung dieser Entwicklung findet sich bei Peter Szondi: Theorie des modernen Dramas (1880–1950), 7. Aufl. Frankfurt/M. 1970 (edition suhrkamp 27).

daß die von Klotz[50] beschriebenen Dramentypen der *geschlossenen* und *offenen Form* als Idealtypen zu verstehen sind. Sie veranschaulichen lediglich zwei einander diametral entgegengesetzte Stiltendenzen, die im einzelnen Drama selten rein und ausschließlich realisiert sind. Dies bedeutet, daß die von Klotz konstatierten Stilsymptome der *geschlossenen* oder *offenen Form* nie vollständig in einem Drama vertreten sein müssen, das einem der beiden Formentypen zuzurechnen ist.

Klotz untersucht die beiden dramatischen Stiltypen im Hinblick auf ihre unterschiedliche Gestaltung der Handlung, der Zeit, des Raumes, der Personen, der Komposition und der Sprache. Er gelangt dabei zu folgenden Ergebnissen:

Das *geschlossene Drama* besitzt stets eine eindeutige Haupthandlung (Einsträngigkeit, evtl. Nebenhandlungen ohne Eigengewicht), die linear und kontinuierlich durchgeführt wird und in sich kausal verknüpft ist: eine Szene geht folgerichtig aus der anderen hervor. Die enge Verzahnung des dramatischen Geschehens wird erreicht durch das Prinzip der Personenkette (mindestens eine Person bleibt bei Szenenwechsel innerhalb des Aktes auf der Bühne). Die Einheit und Ganzheit der Handlung resultiert vor allem aus der Beschränkung des dramatischen Vorgangs auf eine knappe Raum-, Zeit- und Geschehnisspanne. Wiedergegeben wird nur ein Ausschnitt aus einem größeren Ereignisganzen, nämlich Endphase und Höhepunkt einer schon lange vor Beginn des Dramas

---

50 Volker Klotz: Geschlossene und offene Form im Drama, München 1960. – In der Vorbemerkung seines Buches: Dramaturgie des Publikums, München 1976, relativiert Klotz selbst diesen Typologisierungsversuch, er sieht darin einen „methodischen Engpaß: ordentlicher Übersicht zulieb die geschichtlichen Bedingungen und Unterschiede der jeweiligen Theaterstücke zu vernachlässigen und gar nicht erst zu fragen, wem sie denn zu was taugen. Sachlich und methodisch handelte es sich also um einen Mangel an sinnlicher, an gesellschaftlicher und psychologischer Begründung." (S. 9) – Trotz dieser nachträglichen Distanzierung aus „Überdruß an jederlei dramaturgischen Grundsätzlichkeiten" (ebda.), behält Klotz' Versuch seinen heuristischen Wert für die Dramenanalyse.

sich anbahnenden Entwicklung. Dieser Ausschnitt wird jedoch als Ganzes, d. h. als vorgangsmäßig eng verfugtes Kontinuum dargeboten. Die Handlungskontinuität erfordert zwangsläufig die zeitliche Kontinuität, d. h. den Ablauf des Geschehens in einer knappen, nahezu ununterbrochenen Zeiterstreckung (weitgehende Kongruenz von Spielzeit und gespielter Zeit). Die Einheit der Zeit wird ihrerseits erst durch die Einheit des Raumes ermöglicht, da im Drama mit jedem Ortswechsel in der Regel ein Zeitsprung (Ausnahme: die Veranschaulichung eines Simultanvorgangs), zumindest jedoch eine Unterbrechung der Handlungs- und Zeitkontinuität verbunden ist.

Doch selbst bei einem Schauplatzwechsel, wie etwa in Goethes *Tasso,* bleibt im *geschlossenen Drama* der Eindruck von Ortsgleichheit erhalten: die Orte (Garten, Saal, Zimmer) sind hier nur geringfügige Abwandlungen des gleichen höfisch-arkadischen Raumes. Der Raum besitzt somit im geschlossenen Drama vorwiegend ideellen Charakter (vgl. die stilisierte Landschaft in *Iphigenie:* Hain vor Dianens Tempel)[51] und bildet nur den neutralen Rahmen eines weitgehend entstofflichten Geschehens, das sich primär im Bewußtsein der Personen abspielt.

Die Tendenz des *geschlossenen Dramas* zur Konzentration, die sich in der Einheit von Handlung, Raum und Zeit zeigt, äußert sich auch in der zahlenmäßigen und ständischen Beschränkung des Personenkreises: geringe Anzahl von Personen, keine Massenszenen, wenige Nebenfiguren, die — im Gegensatz zum *offenen Drama* — von Anfang bis zum Ende im Stück vorkommen bzw. mehrfach auftreten. Es handelt sich dabei vorwiegend um „Vertraute" der Hauptfiguren (Diener, Amme, Freunde etc.). Die Nebenpersonen bzw. Vertrauten sind weit mehr Abspaltungen der Hauptfiguren als selbständige Personen (so sind die Dialoge zwischen Held und Vertrautem im Grunde nur dialogisch aufgeteilte

---

51 Vgl. hierzu Klaus Ziegler: Zur Raum- und Bühnengestaltung des klassischen Dramentypus, in: Werner Keller (Hrsg.): Beiträge zur Poetik des Dramas, S. 14 ff.

Monologe mit sich selbst). Dies bedingt die einheitliche Sprache von Haupt- und Nebenperson (hoher Stil, Pathos, Vers, Sentenzenreichtum). Der Dialog besteht vor allem aus Rededuellen (typisches Merkmal: *Stichomythie*[51a]) und geschlossenen und wohlgefügten Redegebäuden (hypotaktische Syntax).

Die regelhafte Ordnung und die Gesetze der Proportion und Symmetrie, die die Personengruppierung (ausbalancierte Zweipoligkeit und Antithetik von Spiel und Gegenspiel, von Protagonist und Antagonist, von Hauptfigur und Vertrautem) und die

---

51a Begriff und Technik kommen aus dem griechischen Drama. − (griech. stichos = Zeile, mythos = Rede). Rede und Gegenrede der Personen vollziehen sich jeweils in einer Verszeile, daneben auch in einem Doppelvers (Distichomythie) oder einem halben Vers (Hemistichomythie). Durch die Aufteilung einer Verszeile auf zwei oder mehr Personen erfährt der Dialog eine starke Dynamisierung.

Als Beispiel hierfür sei eine Dialogpassage aus Brechts Politparabel *Der aufhaltsame Aufstieg des Arturo Ui* (eine Satire auf Hitlers „Machtergreifung") zitiert. Das Stilmittel der Stichomythie wird hier travestistisch eingesetzt; seine Benutzung in Brechts Stück zeigt, daß diese Technik nicht nur im geschlossenen klassischen Drama Anwendung findet:

ROMA
Ich hab's gewußt, Arturo! So, nicht anders
Mußt die Entscheidung fallen. Was, wir beiden!
Wie, du und ich! 's ist wie in alten Zeiten!
Zu seinen Leuten:
Arturo ist mit uns! Was hab ich euch gesagt?
UI
Ich komm.
ROMA
        Um elf.
UI
              Wohin?
ROMA
                  In die Garage.
Ich bin ein andrer Mann: 's wird wieder was gewagt!
(Bertolt Brecht: Gesammelte Werke, Bd. 4, S. 1802).

Dialoggestaltung (Hypotaxe, Rededuell) bestimmen, kennzeichnen auch den Handlungsaufbau (pyramidale Struktur, fünf Akte mit Mittelachse im dritten Akt). Die Handlung präsentiert sich als architektonisches Gefüge mit starker Betonung des Aktes und geringem Eigengewicht der (meist zum Auftritt eingeschränkten) Szenen. Der symmetrischen Komposition entsprechend korrespondieren dabei nach Umfang und Inhalt häufig Akt I und V sowie Akt II und IV.

Vielheit und Dispersion kennzeichnen die Handlung im *offenen Drama*. „Mehrere Handlungsstränge laufen gleichberechtigt nebeneinander her, die auch in sich mehr oder minder stark der Kontinuität entbehren."[52] Im Extremfall besteht die Handlung aus einer Abfolge von völlig selbständigen räumlich und zeitlich voneinander getrennten Einzelbegebenheiten (Stationentechnik). Trotz der daraus resultierenden Diskontinuität in der Szenenfolge handelt es sich jedoch nicht um eine willkürliche Summierung von Einzelszenen. Die Koordination der zerstreuten Handlungsteile übernehmen folgende Kompositionsmittel:
1. die Technik der *„komplementären Stränge"*: ein *Kollektivstrang*, der das Thema bzw. den Sachverhalt des Stückes enthält, und ein *Privatstrang*, in dem jener an einem Einzelfall aktualisiert wird (vgl. Lenz *Die Soldaten*), „bedingen, ergänzen und erklären einander".[53]
2. die *„metaphorische Verklammerung"*: einzelne Metaphern, die sich durch das ganze Stück hindurchziehen (z. B. in Büchners *Woyzeck:* Messer, Blut, rot) stiften ein enges latentes Bezugssystem.
3. das *„zentrale Ich"*: die besonders im Stationendrama in allen Szenen auftretende und im Mittelpunkt stehende Hauptfigur übernimmt hier die Koordination der dispergierenden Handlung (Einheit der Figur statt Einheit der Handlung, so z. B. in Strindbergs *Nach Damaskus* oder in Brechts *Baal*).

---

52 Volker Klotz: Geschlossene und offene Form im Drama, S. 115.
53 Ebda.

Die weite Zeiterstreckung der Handlung im *offenen Drama* (häufig mehrere Jahre) ermöglicht nicht mehr, das Geschehen als vorgangsmäßiges und zeitliches Kontinuum darzubieten. Gleichzeitig ist damit auch die räumliche Kontinuität aufgegeben. (Zwischen Zeit und Raum besteht generell im Drama eine enge Wechselbeziehung. Räumliche Veränderung hat gewöhnlich eine zeitliche Veränderung zur Folge, wie andererseits Zeitsprünge, d. h. das Aussparen von Geschehnisphasen zwischen den einzelnen Szenen meist durch Wechsel des Schauplatzes verdeutlicht werden. Der Ortswechsel erhält mithin die Funktion, den Zeitablauf bewußt zu machen und die Handlung zu gliedern.)[54]

Im Extremfall entspricht im *offenen Drama* die Anzahl der Orte der Anzahl der Szenen. Mit dem Ortswechsel ist vielfach ein (häufig alternierender) Wechsel zwischen engem und weitem Raum (Zimmer, unbegrenzte Natur) verbunden. Der Raum wird somit nie zum neutralen allgemeinen Rahmen des Geschehens wie im *geschlossenen Drama,* sondern ist jeweils ein spezieller und charakteristischer Raum, der aktiv am Geschehen teilnimmt, das Verhalten der Personen charakterisiert und bestimmt.

Diese selbst sind im *offenen Drama* keiner zahlen- und standesmäßigen Beschränkung unterworfen. Am deutlichsten zeigt sich dies in der Vielzahl von Nebenfiguren, die im Gegensatz zu denen des *geschlossenen Dramas* meist jedoch nur in einer Szene, d. h. ein einziges Mal auftreten. Fast in jeder neuen Szene stehen so der Hauptfigur, die weder einen Vertrauten noch einen indirekten Gegenspieler mehr hat, andere Personen als in der vorausgehenden gegenüber. In vielen Fällen werden niedrige Personen zur Hauptfigur des dramatischen Geschehens. Der zahlen- und standesmäßigen Erweiterung der dramatis personae entspricht im *offenen Drama* die Pluralität heterogener Sprachhandlungen (verschiedene Berufs- und Standessprachen).

---

54 Peter Pütz: Die Zeit im Drama, S. 23 ff.

Ihr Sprechen ist nicht mehr primär von Reflexionen bestimmt, sondern eher augenblicks- und situationsverhaftet. Zum Motor ihrer Äußerungen wird anstelle der logischen Folgerung, die im *geschlossenen Drama* sich in Rededuellen und geschlossenen Redegebäuden manifestiert, die Assoziation. Die daraus folgende Sprunghaftigkeit des Gedankenfortschritts findet sichtbaren Ausdruck in der Satzkonstruktion und Satzfolge. Im Unterschied zum hypotaktischen Satzgefüge im *geschlossenen Drama* ist das Verhältnis der Satzglieder wie auch das der Sätze untereinander überwiegend parataktisch. Syndetische oder asyndetische Reihung sowie Anakoluth, Ellipse und Satzabbruch, die typischen Stilmerkmale spontanen Sprechens, kennzeichnen die Gesprächsführung.

Einen detaillierten Überblick über „Leistung und Formen der Gesprächsführung in der neueren deutschen Literatur" (von Lessing bis Brecht) gibt Gerhard Bauer in seinem Buch *Zur Poetik des Dialogs.*[55] Er unterscheidet vier Gesprächsformen: 1. den gebundenen, konventionstreuen Dialog im klassisch-tektonischen Drama, in dem ein reflektierter Austausch von Argumenten zwischen prinzipiell gleichberechtigten Gegnern mit gleichen Ausdrucksmöglichkeiten stattfindet. 2. den seit dem Sturm und Drang wirksamen ungebundenen, konventionssprengenden Dialog im realistisch-atektonischen Drama, in dem die Verständigung aus dem Moment heraus ohne feste Spielregeln, d. h. in einem offenen impulsiven Gespräch sich vollzieht und diese durch Aneinandervorbeireden der Partner gefährdet ist; 3. das dialektische, in dem die geäußerten Positionen erprobt und nicht selten gegeneinander vertauscht werden bzw. dialektisch ins Gegenteil umschlagen, 4. die gesellige oder gesellschaftliche Konversation, in der die

---

55 Gerhard Bauer: Zur Poetik des Dialogs. Leistung und Formen der Gesprächsführung in der neueren deutschen Literatur, Darmstadt 1969 (Impulse der Forschung, Bd. 1).

Teilnehmer sich absichtslos, frei von polemischer Tendenz und sachlicher Aufgaben nur um des Gesprächs willen unterhalten.

In den beiden zuerst genannten gegensätzlichen Gesprächsformen, die Bauer dem tektonischen und atektonischen Drama zuordnet, werden die von Klotz für die Sprach- und Dialoggestaltung im *geschlossenen Drama* und offenen Drama konstatierten Ergebnisse bestätigt.

Die *offene Form* des atektonischen Dramentyps dokumentiert sich am sichtbarsten im Geschehnisfortschritt (Wiedergabe von Ausschnitten) und im äußeren Handlungsaufbau. Das vorgeführte Geschehen ist nach vorn und hinten offen, es setzt dementsprechend unvermittelt ein und bricht ebenso unvermittelt ab. Das gilt für das Stück als Ganzes wie auch für dessen einzelne Szenen bzw. ,,Bilder". Die Handlung wird weder am Stückanfang ausführlich exponiert, noch findet sie am Stückende zu einem eindeutigen Abschluß (Fortsetzbarkeit der Handlung). Analog dazu beginnen die einzelnen Szenen oft mitten im Satz oder in einem Vorgang und enden ebenso häufig mit Vorgangs- und Satzabbrüchen. Durch diese ,,Rißränder" (die den Ausschnittcharakter des Dargestellten betonen) sowie durch die räumlichen und zeitlichen Intervalle von den Nachbarszenen getrennt, gewinnt die einzelne Szene weitgehende Autonomie (Selbständigkeit der Teile). Die Stückkomposition des *offenen Dramas* erfolgt mithin vom Einzelteil, der Szene, aus und nicht mehr vom Ganzen (Hierarchie der Teile) wie im *geschlossenen Drama*. Dementsprechend kommt der Szene hier größere Bedeutung zu als dem Akt. Wo dennoch im *offenen Drama* die Akteinteilung beibehalten wird, hat diese eine andere Funktion als im *geschlossenen Drama*. Die Akte sind hier nicht mehr Gliederungseinheiten bzw. in sich geschlossene Abschnitte eines auf das Ende hin gestuften Handlungsganzen, sondern dienen lediglich zur Zusammenfassung von einer Anzahl thematisch eng zusammengehörender Szenen (so etwa in *Die Soldaten* von Lenz). Vielfach wird jedoch – vor allem in Dramen, in denen das ,,zentrale Ich" als Kompositionsprinzip vorherrscht – die Akteinteilung ganz aufgegeben (vgl. *Woyzeck, Baal*).

Bei aller Autonomie der Szenen besteht das *offene Drama* jedoch nicht aus einer willkürlichen Addition von unbezogenen Einzelszenen. Leitende Kompositionsprinzipien sind neben der erwähnten Handlungskoordination mit Hilfe von „zentralem Ich", „metaphorischer Verklammerung" und „komplementären Strängen" das Moment der Variation, der Wiederholung und des Kontrasts. (Etwa in der alternierenden Folge von groß- und kleinräumigen Szenen.)

Es gilt jedoch nochmals zu betonen, daß die von Klotz unterschiedenen *Formtypen* des *geschlossenen* und *offenen Dramas* als *Idealtypen* zu verstehen sind, also als Konstruktionen, denen primär heuristischer Wert für die Dramenanalyse zukommt. *Geschlossene* oder *offene Form* werden im konkreten Einzelfall kaum idealtypisch verwirklicht sein, bei vielen Dramen wird es sich eher um *Mischtypen* handeln.

Solche Mischformen beispielsweise versucht Klaus Ziegler in seinen Klassifizierungsbemühungen[56] terminologisch zu erfassen. Er unterscheidet in der deutschen Dramatik der Neuzeit zum einen zwischen einem „*klassischen* Dramentypus", den er durch eine „Synthese hochgradig *tektonischer* und hochgradig *idealisierender* Formelemente gekennzeichnet" sieht[57], und einem „*realistischen* Dramentypus", der sich von den generalisierenden und idealisierenden Stiltendenzen des klassischen Dramas abhebt. Innerhalb des „*realistischen* Dramentypus" konstatiert Ziegler zum anderen zwei deutlich differerierende Untertypen: „Des genaue-

---

56 Klaus Ziegler: Das deutsche Drama der Neuzeit, in: Wolfgang Stammler (Hrsg.): Deutsche Philologie im Aufriß, Bd. 2, 2. Aufl. Berlin 1960, Spalte 2009 ff.
Klaus Ziegler: Stiltypen des deutschen Dramas im 19. Jahrhundert, in: Hans Steffen (Hrsg.): Formkräfte der deutschen Dichtung vom Barock bis zur Gegenwart, Göttingen 1963, S. 141 ff.
57 Klaus Ziegler: Das deutsche Drama der Neuzeit, in: Deutsche Philologie im Aufriß, Spalte 2009.

ren lassen sie sich im Sinn eines ‚*tektonischen*' und eines ‚*atektonischen*' Realismus gegeneinander abgrenzen: die ‚*realistische*' Formtendenz, die beiden Typen gemeinsam ist, wird einmal im wesenhaft tektonischen Sinn einer hochgradigen Konzentration und zum anderen im wesenhaft atektonischen Sinn einer hochgradigen Auflockerung von Raum, Zeit und Personenbestand abgewandelt"[58]. Ziegler unterscheidet also beim realistischen Dramentypus zwischen *tektonisch-realistischem* und *atektonisch-realistischem* Drama.

Der „tektonische Untertypus des realistischen Dramas"[59], der vor allem im ‚bürgerlichen Drama' von Lessing (z. B. *Emilia Galotti, Minna von Barnhelm*) bis Ibsen zu finden ist, weist Stilelemente sowohl des *geschlossenen* als auch des *offenen* Formtyps auf: tektonischem Bau (Aktestruktur, Konzentration in Handlung, Raum, Zeit und Personenzahl) stehen zunehmende Differenzierung und Individualisierung in der Figuren- und Sprachgestaltung gegenüber (Übergang von Vers zu Prosa, damit zur individuellen, schichtenspezifischen und situativen Sprechweise und Personencharakterisierung).

Als zweiter Strang bildet sich ein „atektonischer Untertypus des realistischen Dramas"[60] (z. B. Lenz: *Die Soldaten, Der Hofmeister*) heraus, der nicht nur in der Dialog- und Figurenkonzeption, sondern auch in der dramaturgischen Anlage und damit in der Handlungs-, Raum- und Zeitgestaltung die Stilmerkmale des offenen Dramentyps zeigt.

Einen anderen Typologisierungsversuch unternimmt (mit Bezug auf die Untersuchung von Volker Klotz und auf Peter Szondis *Theorie des modernen Dramas*) Reinhold Grimm in seinem Auf-

---

58 Klaus Ziegler: Das deutsche Drama der Neuzeit, in: Deutsche Philologie im Aufriß, Spalte 2019.
59 Ebda., Spalte 2019.
60 Ebda., Spalte 2020.

satz *Pyramide und Karussell*⁶¹. Grimm versucht darin, den „Strukturwandel im modernen Drama" an einigen Beispielen zu skizzieren und zugleich auf einen vermutlich „grundsätzlichen Strukturunterschied zweier gleichberechtigter Dramentypen" hinzuweisen⁶². Freytags Begriff und Schema wird — ausgehend von Arthur Schnitzlers Stück *Reigen* und von dessen Verfilmung durch Max Ophüls — ein ebenso bildhafter Gegenbegriff und entsprechendes Strukturschema entgegengesetzt: „Die Dramaturgie der Pyramide weicht der Dramaturgie des Kreises, wobei der Zerfall der einen Struktur sich als heimlicher Aufbau der anderen enthüllt."⁶³ An Schnitzlers *Reigen* und an Brechts *Mutter Courage und ihre Kinder* unternimmt Grimm, die *Kreisstruktur* moderner Dramen zu verdeutlichen: „Ein Geschehen kreist also um einen Mittelpunkt. Bei Schnitzler ‚dreht es sich' um die Liebe, bei Brecht ‚dreht es sich' um den Krieg. Die eigentümliche Struktur dieser Werke wird durch den Kreis nicht minder präzis verbildlicht als die klassische Dramenstruktur durch den pyramidalen Bau, den Freytag entwarf."⁶⁴

Grimm unterliegt hier ähnlich wie Freytag einem gewissen Schematismus und Systemzwang. Die Strukturbestimmung geht aus von einem Wortspiel bzw. einer bildlichen, übertragenen Bedeutung (‚dreht es sich') und von inszenatorischen Mitteln (Karussell als Leitmotiv und Szenenverbindung in Ophüls' Verfilmung von Schnitzlers *Reigen;* Rollen des Planwagens der Mutter Courage auf der Drehbühne in Brechts Inszenierung), wobei jedoch von der konkreten Analyse des jeweiligen Stückbaues weitgehend abstrahiert wird. Brechts Stück nämlich liegt keine Kreisstruktur,

---

61 Reinhold Grimm: Pyramide und Karussell, in: R. G.: Strukturen. Essays zur deutschen Literatur, Göttingen 1963 (auch abgedruckt in Werner Keller (Hrsg.): Beiträge zur Poetik des Dramas, Darmstadt 1976).
62 Ebda., S. 29 (bei Keller, S. 377).
63 Ebda., S. 31 (bei Keller, S. 370).
64 Ebda., S. 31 (bei Keller, S. 370).

sondern eine Weg- bzw. Reisestruktur zugrunde (entsprechend dem chronologischen und geographischen Verlauf des Dreißigjährigen Krieges; das Stück umfaßt eine Zeitspanne von 12 Jahren). Lediglich das Weiterziehen des Wagens in den Krieg, der offene Schluß und die Fortsetzbarkeit der Handlung vermögen in Brechts Stück die Assoziation eines (fatalen) Kreislauf-*Geschehens* hervorzurufen. Wiederholbarkeit und Fortsetzbarkeit der Handlung beinhalten jedoch nicht zwangsläufig eine Kreisstruktur. Auch die Tatsache, daß ein Stück am Schluß keine grundsätzliche Veränderung der Ausgangssituation erfährt, berechtigt nicht, generell von einer Kreisstruktur zu sprechen.

Grimms ‚Pyramide-und-Karussell'-Bild bedarf jedenfalls der ergänzenden Differenzierung: Es bleibt ein Unterschied, ob ein dramatisches Geschehen, das als fortsetzbar und wiederholbar erscheint, nur den Ausschnitt aus einem fortdauernden Zustand anzeigt oder aber explizit einen (ewigen, unveränderbaren) Kreis darstellt bzw. symbolisiert, wie dies in Anlage und Durchführung von Stücken des ‚absurden' Theaters (Beckett, Arrabal) häufig der Fall ist.

7. Exkurs zur Episierung

Selbständigkeit der Teile, Autonomie der einzelnen Szene und Reihungstechnik kennzeichnen auch Brechts *episches Theater.* Brecht argumentiert durchaus in der Tradition der aristotelischen *Poetik,* wenn er die *Fabel* zum Hauptgeschäft des Dramas im epischen Theater erklärt: „Auf die *Fabel* kommt alles an. Sie ist das Herzstück der theatralischen Veranstaltung. Denn von dem, was *zwischen* den Menschen vorgeht, bekommen sie ja alles, was diskutierbar, kritisierbar, änderbar sein kann."[65] Was sich auf den

---

65 Bertolt Brecht: Kleines Organon für das Theater, in: Gesammelte Werke, Bd. 16, S. 693.

ersten Blick als poetologische Begründung liest, wird durch den Rekurs auf die Adressaten des Theaters präzisiert: jene sind es, auf die es Brecht abgesehen hat. Der Auftrag des Theaters, das, was zwischen den Menschen vorgeht, so zu gestalten, daß der ursächliche (gesellschaftliche) Zusammenhang von Aktion und Reaktion im menschlichen Verhalten begriffen wird, erklärt jetzt schlüssig die Wichtigkeit der (traditionellen) Fabel. Sie repräsentiert im fiktionalen und zugleich symbolischen Bereich des Theaters konkret-soziales Handeln. Unter dieser Voraussetzung versteht sich nun das besondere Augenmerk, das Brecht der Fabelführung widmet: „Die Teile der Fabel sind also sorgfältig gegeneinander zu setzen, indem ihnen ihre eigene Struktur, eines Stückchens im Stück, gegeben wird."[66] Immer aber betont Brecht den intendierten Funktionswechsel mit dem epischen Theater; ihm einzig gilt die Neustrukturierung der Fabel.

In den Anmerkungen zur Oper *Mahagonny*[67] charakterisiert Brecht die epische Dramenform in der Gegenüberstellung mit der dramatischen:

---

66 B. Brecht: Kleines Organon für das Theater, in: Gesammelte Werke, Bd. 16, S. 694.
67 Bertolt Brecht: Anmerkungen zur Oper „Aufstieg und Fall der Stadt Mahagonny", in: Gesammelte Werke, Bd. 17, S. 1009 f. – Es sind hier nur einzelne Bestimmungen zitiert und zwar aus der veränderten Fassung von 1938. Gewöhnlich findet sich in der Sekundärliteratur die erste Version des Schemas von 1930, die folgende Formulierungen enthält:

handelnd	erzählend
Spannung auf den Ausgang	Spannung auf den Gang
Eine Szene für die andere	Jede Szene für sich
Wachstum	Montage
Geschehen linear	in Kurven
evolutionäre Zwangsläufigkeit	Sprünge

(siehe Bertolt Brecht: Stücke III, Frankfurt/M. 1962, S. 266 f.).

(Dramatische Form des Theaters)	*(Epische Form des Theaters)*
Die Bühne „verkörpert" einen Vorgang	sie erzählt ihn
Spannung auf den Ausgang	Spannung auf den Gang
eine Szene für die andere	jede Szene für sich
die Geschehnisse verlaufen linear	in Kurven

In seiner Handlungsstruktur stimmt das von Brecht geforderte epische Theater mithin weitgehend mit dem offenen, atektonischen Dramentyp überein. Es unterscheidet sich von diesem jedoch insofern, als Brecht damit zugleich — wie bereits angedeutet — eine grundsätzlich neue Darstellungs- und Wirkungsabsicht verbindet, die auf eine Veränderung sowohl der Spielweise als auch der Zuschauerhaltung abzielen.

‚Formal' gesehen ist das entscheidend Neue an Brechts ‚epischem Theater' die Einbeziehung *epischer bzw. erzählerischer Mittel* in das Drama. Zu ihnen zählen die *Szenenüberschriften* und knappen *Einleitungstexte,* die (bei der Aufführung auf die Bühne projiziert) die zwischen zwei Szenen liegenden, nicht gezeigten Ereignisse mitteilen und gleichzeitig über Ort, Zeit und Inhalt der folgenden Szene informieren, weiterhin die den Handlungsfortgang unterbrechenden, publikumsadressierten *Songs* wie auch die Einführung einer *Erzählerfigur,* die durch das Geschehen führt (so in *Der kaukasische Kreidekreis*). Alle diese ‚episierenden' Momente intendieren die Distanz des Zuschauers zu dem unmittelbaren szenischen Vorgang. Sie sollen die Illusion, einem realen Geschehen beizuwohnen, verhindern und damit zugleich die Einfühlung in die Handlung und die Identifikation mit den Figuren.

Dem gleichen Zweck dient auch Brechts Rückgriff auf ältere dramatische Stilmittel, wie *Vorspiel* (in *Der Kaukasische Kreidekreis*), *Prolog, Epilog* (beide z. B. in *Der aufhaltsame Aufstieg des Arturo Ui*) und *Chor* (z. B. in *Die Maßnahme*), die von der Renaissance an zunehmend aus dem Drama eliminiert wurden. Der

Grund für diese Entwicklung war das Axiom der Natürlichkeit und Wahrscheinlichkeit, das im naturalistischen Drama selbst zur Ausschaltung des Monologs führte. Mit den benutzten Formen der *Publikumsanrede* vor, nach und im Stück (Prolog, Epilog, Songs und Erzähler) betont Brecht im Gegensatz zum Illusionstheater den Spielcharakter des auf der Bühne Dargestellten. Vor allem die unmittelbare Wendung einer Dramenfigur an die Zuschauer innerhalb der Spielhandlung, die in der Komödie seit ihren Anfängen praktiziert wurde, dient der Illusionsdurchbrechung.

Da die Dramen des Naturalismus signifikante Beispiele des Illusionstheaters sind, im allgemeinen Bewußtsein allerdings gleichzeitig als ‚realistische' Stücke gelten, Brechts dramatische Versuche hingegen zwar in ihrer antiillusionistischen Tendenz gesehen, zugleich aber aufgrund des Verfremdungseffekts und des Parabelcharakters leicht als ‚nicht-realistische' Darstellungen mißverstanden werden, sei zum Abschluß dieses Exkurses Brechts Gegenüberstellung von *Naturalismus* und *Realismus*[68] zitiert:

der unterschied zwischen realismus und naturalismus ist immer noch nicht geklärt.

naturalismus	*realismus*
die gesellschaft betrachtet als ein stück natur	die gesellschaft geschichtlich betrachtet
ausschnitte aus der gesellschaft (familie, schule, militärische einheit usw) sind ‚kleine welten für sich'.	die ‚kleinen welten' sind frontabschnitte der großen kämpfe.
das milieu	das system
reaktion der individuen	gesellschaftliche kausalität

---

68 Bertolt Brecht: Arbeitsjournal, 2. Bd., 1942 bis 1952, hrsg. von W. Hecht, Frankfurt/M. 1973, S. 780.

atmosphäre	soziale spannungen
mitgefühl	kritik
die vorgänge sollen ‚für sich selbst sprechen'	es wird ihnen zur verständlichkeit verholfen
das detail als ‚zug'	gesetzt gegen das gesamte
sozialer fortschritt empfohlen	gelehrt
kopien	stilisierungen
der zuschauer als mitmensch	der mitmensch als zuschauer
das publikum als einheit angesprochen	die einheit wird gesprengt
diskretion	indiskretion
mensch und welt, vom standpunkt des einzelnen	der vielen

der naturalismus ist ein realismus-ersatz.

Beim Vergleich der beiden angeführten Brecht-Schemata wird wohl am sinnfälligsten deutlich, daß das ‚Epische' bei Brecht „eine Kategorie des Gesellschaftlichen und nicht des Ästhetisch-Formalen ist"[69], mithin das ‚epische Theater' gerade auf Darstellung von Realität (aber nicht als Oberflächenerscheinung, sondern als gesellschaftlichen Kausalkomplex) abzielt und für Brecht Realismus nicht lediglich eine Frage der Darstellungs*form* sein kann bzw. sich nicht auf sogenannte ‚realistische' Darstellung reduzieren läßt.

---

69 Brecht in einem Brief an Ernst Schumacher, in: Neue Deutsche Literatur, 4. Jg., Nr. 10, S. 27.

8. Mittel der dramatischen Sukzession

Wenn sich auch innerhalb der Dramatik verschiedene Form- und Handlungstypen feststellen lassen, so gilt doch für das Drama generell, daß die dramatische Handlung „in der *sukzessiven* Vergegenwärtigung von vorweggenommener *Zukunft* und nachgeholter *Vergangenheit*" besteht.[70] Entsprechend dieser Definition unterscheidet Peter Pütz in seiner Untersuchung „Die Zeit im Drama. Zur Technik dramatischer Spannung" zwischen Mitteln der Sukzession, Vorgriffen und Rückgriffen.

Solche *Mittel der Sukzession* sind die Kennzeichnung von Tages- und Jahreszeiten (die teils genannt, teils akustisch oder optisch durch Veränderung der Bühnenbeleuchtung verdeutlicht werden), die räumliche Veränderung (die zugleich eine zeitliche Veränderung bewirkt und besonders im *offenen Drama* mit seinen Zeit- und Handlungssprüngen eine handlungsgliedernde Funktion hat), das Auf- und Abtreten der Personen (Technik der zu- und abnehmenden Figurenkette). Die Sukzession der Handlung ergibt sich aus der Duplizität von ‚Plan und Verwirklichung'. Da (schon aus bühnentechnischen Gründen) nicht der Gesamtverlauf eines Geschehens darstellbar ist, wird meist nur dessen Anfang und Ende, d. h. die Planung und das Ergebnis eines Ereignisses gezeigt bzw. berichtet.

Als Hauptbestandteil der dramatischen Sukzession erweisen sich die *Vorgriffe* in Form von direkter *Ankündigung* oder indirekter *Andeutung*. Sie bestehen im einzelnen aus: 1. *ankündigenden Vorkommnissen* (z. B. Schwur, Prophezeiung, Intrige), 2. *Formen der Ankündigung* wie Monolog, Beiseitesprechen, Prolog, Publikumsanrede während des Spiels wie auch Aktschluß (im *offenen Drama* Szenenschluß), der häufig künftiges Geschehen vorbereitet, 3. *andeutenden Vorkommnissen* (Träume und

---

70 Peter Pütz: Die Zeit im Drama. Zur Technik der dramatischen Spannung, Göttingen 1970, S. 11.

Stimmungen der Personen, auf das Milieu bezogene Dinge bzw. Requisiten), 4. *Formen der Andeutung* wie Bühnenbild, Geräusche (Kampflärm, Volksgeschrei) und Lieder (z. B. der antike Chor mit Rat und Warnung, Songs bei Brecht mit Verweis auf Zukünftiges).

Dramatische Sukzession bewirken auch die *Rückgriffe* im Drama, die zugleich stets einen Vorgriff beinhalten. Je nachdem wie weit der Rückgriff in die Vergangenheit reicht, handelt es sich dabei entweder um *nachgeholte Vorgeschichte* (= Ereignisse vor Beginn des Stückes) oder um *nachgeholte Dramenhandlung* (= Ereignisse, die während des Stückes, aber außerhalb des dramatischen Schauplatzes und Vorgangs geschehen sind und später aufgegriffen werden).

Außer durch *rückgreifende Vorkommnisse* wie Heimkehr, Anagnorisis (= Wiedererkennungsszene)[71], Gerichts- und Verhörszenen wird Vorgeschichte vor allem durch zwei verschiedene *Formen des Rückgriffs* in die Spielhandlung eingebracht: Macht

---

71 Vgl. hierzu Kap. 11 der *Poetik* des Aristoteles in der Dokumentation, S. 115. – *Anagnorisis* (griech.) = Wiedererkennung. Bei Aristoteles die unerwartete Entdeckung von verwandtschaftlichen oder freundschaftlichen Beziehungen unter den dramatischen Personen, durch die im letzten Augenblick eine Untat (Iphigenie: Opferung des eigenen Bruders) verhindert wird oder eine bereits geschehene Tat (Ödipus: Vatermord, Inzest) erst ihre tragische Dimension erhält. Die *Anagnorisis* (Umschlagen von Unkenntnis in Erkenntnis) fällt deshalb für Aristoteles im Idealfall mit der *Peripetie* (= Umschlagen der Handlung in ihr Gegenteil; Beginn der Lösung des dramatischen Knotens) im Drama zusammen. Allgemeiner gefaßt bedeutet die *Anagnorisis* die Aufklärung eines vorangegangenen Irrtums des Helden über seinen Gegenspieler oder sich selbst, die zur (endgültigen) Katastrophe des Helden führt oder diese noch rechtzeitig von ihm abwendet. In vielen Stücken findet sich die Anagnorisis als einfache Wiedererkennungsszene, so z. B. in Brechts *Mutter Courage* (Szene 8: Yvette – Koch = Pfeifenpieter).

das Nachholen von Vorgeschichte den gesamten Stoff der Handlung aus (analytisches Drama), handelt es sich um *Analysis,* wird Vorgeschichte nur am Anfang des Stückes und an einzelnen Stellen innerhalb eines Handlungsabschnittes nachgeholt, um *Exposition* und *Binnenexposition.*

Ähnlich wie Pütz betont Hans Günther Bickert[72], daß die Exposition im Sinne von nachgeholter Vorgeschichte kein zusammenhängender Teil mit festumrissenen Grenzen ist, sondern daß die Expositionsfakten über das ganze Stück verteilt sein können und lediglich am Anfang massiert vorkommen. Der Terminus *Exposition* ist in der Literatur bisher nicht hinreichend definiert. Das liegt daran, daß der Begriff Exposition zwei verschiedene Aspekte enthält: 1. *Integrieren der Vorgeschichte* (Information über die außerhalb des Bühnengeschehens liegenden Gründe und Bedingungen für die Bühnenhandlung), 2. *Eröffnung der Handlung* und *Einführung der Figuren.* Unter diesem zweiten Aspekt betrachtet, gibt es kein expositionsloses Drama. Auch das *offene Drama* (das nach Volker Klotz keine Exposition aufweist, da das Geschehen unvermittelt einsetzt) ist nicht der Notwendigkeit enthoben, Handlung und Figuren einzuführen, und erfordert dazu ein Mindestmaß an Expositionsfakten, mit denen der Zuschauer die Ausgangssituation erfassen und Akteure unterscheiden kann. Nach der Art der Darbietung der Expositionsfakten am Stückbeginn unterscheidet Bickert *handlungsexterne Exposition* durch einen *separaten Prolog,* in dem ein Prologsprecher Angaben zu Ort, Zeit, Geschehen und Figuren macht, und *handlungsinterne Exposition* (die stets unentbehrlich ist und alle Aufgaben der ersteren übernehmen kann) in Form eines *Expositionsmonologs* (z. B. der

---

72 Hans Günther Bickert: Studien zum Problem der Exposition im Drama der tektonischen Bauform. Terminologie – Funktionen – Gestaltung, Marburg 1969 (Marburger Beiträge zur Germanistik, Bd. 23).

Titelgestalt in Shakespeares *Richard III.* und Goethes *Iphigenie)* oder eines *Expositionsdialogs* zwischen zwei oder mehreren Personen. Pütz hingegen unterscheidet nach dem jeweils dominierenden Zeitmodus zwischen folgenden drei Grundformen der Exposition: ‚erzählte Vorgeschichte', ‚Vorgeschichte als Zustand', ‚aktualisierte Vorgeschichte'.[73]

Im Gegensatz zur nachgeholten Vorgeschichte werden in der *nachgeholten Dramenhandlung* Ereignisse aufgegriffen, die während der Handlungsdauer geschehen sind. Es handelt sich dabei um *verdeckte Handlung,* jedoch nicht um gegenwärtige, d. h. nur räumlich verdeckte und für den Zuschauer nicht sichtbare, die durch die Reportagetechnik der *Teichoskopie* (= Mauerschau) oder durch Geräusche indirekt vorgeführt wird, sondern um vergangene, d. h. räumlich *und* zeitlich verdeckte, die sich zwischen den Akten und Szenen oder während der Bühnenhandlung an einem anderen Ort zugetragen hat. Diese vergangene, nicht gezeigte Dramenhandlung wird meist durch *Botenbericht* und *Brief*[74] im Verlauf des Stückes nachgeholt.

Diese beiden dramentechnischen Mittel können jedoch auch zum Einbringen von Vorgeschichte dienen. Als eine weitere Möglichkeit zum Nachholen von Vorgeschichte kennt das moderne Drama die aus dem Film übernommene Technik der *Rückblende* (vgl. S. 63). Im Unterschied zur Rückwendung durch Botenbericht oder Brief wird hier Vergangenheit nicht als Vergangenes mitgeteilt, sondern auf der Bühne als szenischer Vorgang vergegenwärtigt.

Generell kann also im Drama — selbst bei Rückgriffen — zwischen *vorgeführter* und nur *berichteter Handlung* unterschieden

---

73 Peter Pütz: Die Zeit im Drama, S. 176 ff.
74 Vgl. hierzu Volker Klotz: Bühnen-Briefe. Kritiken und Essays zum Theater. Davor eine Abhandlung über Briefszenen in Schauspiel und Oper, Frankfurt/M. 1972.

werden. Letztere mag ihre Ursache in moralisch-ästhetischen Erwägungen haben, wie etwa bei Horaz[75], oder aber aus bühnentechnischen Darbietungsschwierigkeiten resultieren. Beide erwähnten Berichtformen des Dramas, sowohl Botenbericht als auch Teichoskopie, fungieren jedenfalls auch als Ersatz von nicht oder nur schwer auf der Bühne darstellbaren Vorgängen.

Die *Teichoskopie* (griech. teichoskopia = Mauerschau) dient dabei als dramentechnisches Mittel, um *gegenwärtiges* Geschehen, das sich außerhalb des Bühnenraumes abspielt, mittelbar wiederzugeben. In der Regel handelt es sich um den Bericht eines meist erhöht (auf Mauer, Turm, Hügel usw.) plazierten Beobachters über einen auf der Bühne nicht realisierbaren Vorgang (Schlacht, Schiffsuntergang). Eine Variante der Teichoskopie findet sich in der ‚Fensterschau' des naturalistischen Dramas.

Im *Botenbericht* hingegen kommen *vergangene* Ereignisse zur Sprache, die in räumlicher und zeitlicher Entfernung zum gegenwärtigen Bühnengeschehen stehen, für dessen Fortgang jedoch wichtig sind. Auch hier handelt es sich häufig um nicht oder nur schwer darstellbare Ereignisse. Im modernen Drama wird die Funktion, vergangenes oder gleichzeitiges außerszenisches Geschehen zu vermitteln, häufig von neuen Techniken wie Telefon, Radio, Lautsprecher, Tonband etc. übernommen.

Im Drama ist ferner aus gleichfalls bühnentechnisch begrenzten Möglichkeiten, aber auch aus räumlichen und zeitlichen Darstellungsgrenzen oft nur Anfang und Ende eines Geschehens, nicht der Gesamtverlauf darstellbar. Vielfach wird deshalb im Drama nur Planung und Resultat eines Ereignisses gezeigt bzw. berichtet.

---

[75] Vgl. Dokumentation, S. 117. — Anzumerken ist in diesem Zusammenhang, daß das römische Drama sich nicht an das Schicklichkeitspostulat von Horaz hielt. Senecas Vorliebe für Greuel- und Affektszenen beeinflußte so das Barockdrama und das elisabethanische Drama.

Dieses dramaturgische Prinzip hat zur Folge, daß häufig Akt- und Szenenschlüsse Vorausdeutungen auf Kommendes beinhalten und mithin im nächsten Akt bzw. in der nächsten Szene ein knapper andeutender Hinweis bereits dem Zuschauer genügt, um sich das zwischen den Handlungssequenzen als *verdeckte Handlung* Geschehene zu vergegenwärtigen.

Eine solche Folge von Vorbereitung und nachträglicher Mitteilung der verdeckten Handlung beinhaltet in Goethes *Faust* das Versprechen Gretchens, in der kommenden Nacht für den Geliebten die Tür zu ihrem Zimmer offen zu lassen, und ihre Anspielung in der folgenden Brunnenszene auf das in der Nacht Geschehene.[76] Das Beispiel verdeutlicht zugleich das in der dramatischen Handlung vorherrschende Sukzessionsmodell von *Plan* und *Verwirklichung*.

---

76 Peter Pütz: Die Zeit im Drama, S. 214.

III. Dokumentation

Texte zur Entwicklungsgeschichte des Dramas

Aristoteles: Poetik, S. 111
Horaz: Von der Dichtkunst, S. 117
Opitz: Buch von der Deutschen Poeterey (1624), S. 119
Gottsched: Rede vor der „Deutschen Gesellschaft" in Leipzig
  (1729 / Druck 1736), S. 121
Gottsched: Versuch einer Critischen Dichtkunst (1730), S. 127
Lessing: Brief an Friedrich Nicolai (Nov. 1756), S. 129
Lessing: Hamburgische Dramaturgie (1767–1768), S. 133
Herder: Von Deutscher Art und Kunst. Einige fliegende Blätter
  (1773) – II. Shakespear / Anhang, S. 138
Schiller: Die Schaubühne als eine moralische Anstalt betrachtet
  (1784), S. 142
Freytag. Die Technik des Dramas (1863), S. 146
Strindberg: Anmerkung zum „Traumspiel" (1907), S. 152
Strindberg: Wege zu vereinfachter Dekoration (1908/09), S. 154
Piscator: R. R. R. (Revue Roter Rummel), S. 156
Piscator: Bühne der Gegenwart und Zukunft (1928), S. 158
Brecht: (Kritik der „Poetik" des Aristoteles), S. 161
Brecht: Über experimentelles Theater (1939), S. 163
Brecht: (Vierter) Nachtrag zur Theorie des „Messingkaufs"
  (1940), S. 166

Aristoteles: Poetik

Auszüge aus: Aristoteles: Poetik. Übersetzung, Einleitung und Anmerkungen von Olof Gigon, Stuttgart: Reclam 1961 (Reclams Universal-Bibliothek 2337), S. 27–53

2. Es sind nun handelnde Menschen, die auf solche Weisen nachgeahmt werden. Sie sind notwendigerweise entweder edel oder gemein; die Charaktere halten sich nämlich nahezu immer ausschließlich an diese beiden Kategorien; denn jedermann unterscheidet die Charaktere nach Tugend und Schlechtigkeit. So werden entweder Menschen nachgeahmt, die besser sind, als es bei uns vorkommt, oder schlechtere oder solche wie wir selber. [...] In demselben Punkte trennen sich auch Komödie und Tragödie. Die eine ahmt edlere, die andere gemeinere Menschen nach, als sie in Wirklichkeit sind.

3. Dazu kommt als drittes Unterscheidungsmerkmal, wie man nun all dies nachahmt. Denn man kann dieselben Gegenstände mit denselben Mitteln nachahmen entweder so, daß man berichtet (sei es in der Gestalt einer dritten Person, wie Homer dichtet, oder so, daß man unwandelbar selber der Berichterstatter bleibt), oder so, daß man die nachgeahmten Gestalten selbst als handelnd tätig auftreten läßt.

So unterscheidet sich denn die Nachahmung in drei Stücken, wie wir es am Anfang gesagt haben: nach den Kunstmitteln, nach dem Gegenstande und nach der Art und Weise. In der einen Hinsicht gehört die Nachahmungskunst des Sophokles zu derjenigen Homers (denn beide ahmen edle Menschen nach), in einer andern zu derjenigen des Aristophanes (denn beide lassen die nachgeahmten Gestalten handelnd und tätig auftreten). [...]

4. Allgemein scheinen zwei Ursachen die Dichtung hervorgebracht zu haben, beide in der Natur begründet. Denn erstens ist das Nachahmen den Menschen von Kindheit an angeboren; darin unterscheidet sich der Mensch von den anderen Lebewesen, daß

er am meisten zur Nachahmung befähigt ist und das Lernen sich
bei ihm am Anfang durch Nachahmung vollzieht; und außerdem
freuen sich alle Menschen an den Nachahmungen. Ein Beweis dafür ist das, was wir bei Kunstwerken erleben. Was wir nämlich in
der Wirklichkeit nur mit Unbehagen anschauen, das betrachten
wir mit Vergnügen, wenn wir möglichst getreue Abbildungen vor
uns haben, wie etwa die Gestalten von abstoßenden Tieren oder
von Leichnamen. Ursache davon ist eben dies, daß das Lernen
nicht nur für die Philosophen das erfreulichste ist, sondern ebenso
auch für die anderen Menschen; doch kommen diese nur wenig
dazu. [...]

Ursprünglich begann die Tragödie mit Improvisationen (ebenso
die Komödie, und zwar die eine mit denen, die den Dithyrambos
anstimmten, die Komödie mit den Phallosbegehungen, so wie sie
auch jetzt noch in vielen Städten gefeiert werden), entwickelte
sich langsam und brachte eins nach dem anderen ans Tageslicht
und machte viele Veränderungen durch, bis schließlich ihre Entwicklung ein Ende nahm, als sie ihre eigentliche Natur gewonnen
hatte.

Die Zahl der Schauspieler hat zuerst Aischylos von einem auf
zwei gebracht; zugleich hat er den Chor zurücktreten lassen und
die gesprochene Rede zum Träger der Handlung gemacht.
Sophokles hat drei Schauspieler und die Bühnenmalerei eingeführt. Zugleich nahm die Tragödie an Größe zu gegenüber den
kleinen Geschichten des Anfangs, und nachdem die Redeweise anfangs lächerlich gewesen war (weil sie sich aus dem Satyrspiel entwickelt hatte), wurde die Tragödie erst spät feierlich und das
Versmaß wandelte sich vom trochäischen Tetrameter zum iambischen Trimeter. Zuerst nämlich verwendeten sie den Tetrameter,
weil die Dichtung satyrspielartig und eher für den Tanz war; als
aber der Sprechvers durchdrang, fand die Natur selbst das ihm angemessene Versmaß. Denn der Iambus ist der ausgesprochenste
Sprechvers. Ein Beweis dafür ist, daß wir in der Konversationssprache am häufigsten in Iamben reden, selten in Hexametern und
nur auf Kosten der Harmonie des Tonfalles.

Endlich kam dazu die Menge der Szenen, und alles übrige, womit, wie man sagt, die Tragödie sich bereichert habe, sei hier nur berührt. Denn es wäre wohl eine umfangreiche Aufgabe, dies im einzelnen zu durchgehen.

5. Die Komödie ist, wie wir gesagt haben, die Nachahmung von Gemeinerem, aber nicht in bezug auf jede Art von Schlechtigkeit, sondern nur des Lächerlichen, das ein Teil des Häßlichen ist. Das Lächerliche ist nämlich ein Fehler und eine Schande, aber eine solche, die nicht schmerzt und nicht verletzt, so wie etwa eine lächerliche Maske häßlich ist und verzerrt, aber ohne Schmerz. [...]

6. Über die Nachahmungskunst in Hexametern und über die Komödie wollen wir später reden. Jetzt sei von der Tragödie gesprochen.

Aus dem bisher Gesagten entnehmen wir die Bestimmung ihres Wesens. Die Tragödie ist die Nachahmung einer edlen und abgeschlossenen Handlung von einer bestimmten Größe in gewählter Rede, derart, daß jede Form solcher Rede in gesonderten Teilen erscheint und daß gehandelt und nicht berichtet wird und daß mit Hilfe von Mitleid und Furcht eine Reinigung von eben derartigen Affekten bewerkstelligt wird.

Ich nenne „gewählte Rede" jene, die Rhythmus, metrische Form und Sangbarkeit besitzt; das „in gesonderten Teilen" nenne ich, daß einiges bloß im Sprechvers ausgesagt wird, anderes aber im Liede.

[...] Da ferner die Nachahmung einer Handlung gemeint ist, jede Handlung aber von Handelnden geführt wird, welche hinsichtlich ihres Charakters und ihrer Gedanken von einer bestimmten Qualität sind (denn diese bewirken, daß auch die Handlungen selbst von bestimmter Qualität sind, und eben in den Handlungen haben alle Glück oder Unglück). Nachahmung der Handlung ist nun der Mythos. Ich verstehe hier unter Mythos die Zusammensetzung der Handlungen, unter Charakter aber das, was macht, daß wir die Handelnden so oder so nennen, unter Absicht das, worin sie etwas aussagen oder eine Meinung äußern.

Es muß also jede Tragödie sechs Teile haben, in denen sie ihre jeweilige Qualität besitzt: Mythos, Charakter, Rede, Absicht, Szenerie und Musik. Die Mittel, mit denen nachgeahmt wird, sind zwei [Rede, Musik], die Art, wie nachgeahmt wird, ist eine [Szenerie], was sie nachahmen, sind drei [Mythos, Charakter, Absicht], und außerdem gibt es nichts. Nicht wenige Dichter bauen gewissermaßen diese Teile zu selbständigen Gestaltungen aus. Denn jedes Werk hat Szenerie, Charakter, Mythos, Rede, Lied und Absicht auf dieselbe Weise.

Das Wichtigste davon ist der Aufbau der Handlungen. Denn die Tragödie ist nicht die Nachahmung von Menschen, sondern von Handlungen und Lebensweisen, von Glück und Unglück. (Glück und Unglück beruhen aber in Handlungen und das Ziel der Tragödie ist eine Handlung, keine charakterliche Qualität. Qualifiziert sind die Menschen je nach ihrem Charakter, glücklich oder unglücklich sind sie aber auf Grund ihrer Handlungen.) Sie handeln also nicht, um die Charaktere darzustellen, sondern in den Handlungen sind auch die Charaktere eingeschlossen. Darum sind Handlung und Mythos Ziel der Tragödie. Das Ziel ist aber das Wichtigste von allem. [...]

8. Der Mythos ist eine Einheit nicht dann (wie einige meinen), wenn er sich um einen einzigen Helden dreht. Denn unzählig vieles kann an einem einzelnen geschehen, und es wird dennoch aus dem allem keine Einheit. [...]

Wie also in den anderen nachahmenden Künsten eine Nachahmung sich auf einen Gegenstand bezieht, so muß auch der Mythos, da er Nachahmung von Handlung ist, Nachahmung einer einzigen und ganzen Handlung sein. Die Teile der Handlung müssen so zusammengesetzt sein, daß das Ganze sich verändert und in Bewegung gerät, wenn ein einziger Teil umgestellt oder weggenommen wird. Wo aber Vorhandensein oder Fehlen eines Stücks keine sichtbare Wirkung hat, da handelt es sich gar nicht um einen Teil des Ganzen. [...]

11. Die Peripetie ist der Umschlag der Handlung in ihr Gegenteil, und zwar, wie wir eben sagten, entweder mit Wahrscheinlichkeit

oder mit Notwendigkeit. So kommt im Oidipus einer, um Oidipus eine freudige Nachricht zu bringen und ihn von der Furcht hinsichtlich seiner Mutter zu befreien, indem er ihm mitteilt, wer er sei, und erreicht dabei das Gegenteil. Und im Lynkeus wird der eine abgeführt, um zu sterben, und Danaos begleitet ihn, um ihn zu töten; die Handlung führt aber dazu, daß vielmehr dieser stirbt und jener gerettet wird.

Die Entdeckung ist, wie das Wort sagt, der Umschlag aus Unwissenheit in Erkenntnis, zur Freundschaft oder Feindschaft, je nachdem die Handelnden zu Glück oder Unglück bestimmt sind. Am schönsten ist eine Entdeckung, wenn sie mit der Peripetie zusammenfällt, wie im Oidipus.

Es gibt auch andere Arten von Entdeckung. Sie kann sich ereignen durch leblose Gegenstände oder Beliebiges, oder man kann auch entdecken, ob einer etwas gemacht oder nicht gemacht hat. Aber die zuerst genannte Art kommt beim Mythos wie bei der wirklichen Handlung am meisten vor. Eine solche Entdeckung und Peripetie bewirkt auch Furcht und Mitleid; und die Tragödie wurde bestimmt als die Nachahmung derartiger Handlungen. Auch ist Unglück und Glück gerade mit solchen Situationen verbunden.

Da nun das Entdecken ein Entdecken von irgend etwas ist, so kann es sich entweder nur vom einen auf den anderen beziehen, wenn nämlich bekannt ist, wer der eine ist; oder es müssen sich beide gegenseitig erkennen, so wie Orestes Iphigenie erkannte durch die Entsendung des Briefes, während ein anderer Weg notwendig war, damit Orestes von Iphigenie erkannt würde.

Dies sind also zwei Teile des Mythos, Peripetie und Entdeckung. Der dritte Teil ist das Pathos. Über Peripetie und Entdeckung ist schon gesprochen worden. Pathos ist eine zum Untergang führende oder qualvolle Handlung, wie etwa Tod auf der Bühne, Schmerzen, Verwundungen und dergleichen. [...]

15. Was die Charaktere betrifft, so sind vier Dinge zu erstreben. Das erste und wichtigste ist, daß sie edel seien. Ein Charakter wird sich ergeben, wie wir sagten, wenn die Rede oder die Handlung

irgendeine Entscheidung sichtbar macht; ist die Entscheidung edel, so wird der Charakter edel sein. Dies findet sich bei jeder Art von Menschen: denn eine Frau kann edel sein und auch ein Sklave. Allerdings ist dies im einen Falle weniger bedeutend und im anderen überhaupt vulgär. [...]

18. Bei jeder Tragödie gibt es eine Knüpfung und eine Lösung. Die Knüpfung vollzieht sich meist außerhalb und nur teilweise innerhalb des Dramas. Alles übrige ist die Lösung. Ich nenne Knüpfung jenen Teil vom Anfang bis zu dem letzten Stück unmittelbar vor dem Übergang ins Glück oder ins Unglück, Lösung den Teil vom Beginn des Übergangs bis zum Ende. [...]

Horaz: Von der Dichtkunst

in der Übertragung von Gottsched aus: Johann Christoph Gottsched: Versuch einer Critischen Dichtkunst. Unveränderter photomechanischer Nachdruck der 4., vermehrten Auflage (Leipzig 1751), Darmstadt: Wissenschaftliche Buchgesellschaft ⁵1962, S. 31–33. – [Zum Vergleich sei auf eine mit Kommentar und Nachwort versehene neuere Übersetzung verwiesen: Horaz: Ars Poetica. Übersetzt und hrsg. von Eckart Schäfer, Stuttgart 1972 (Reclams Universal-Bibliothek 9421), S. 15–17.]

[...]
Was sich nicht spielen läßt, so wie es ist geschehn,
Davon erzählt man bloß die Nachricht auf den Bühnen.
Doch, was das Ohr nur hört, so kräftig es geschienen,
Dringt lange nicht so tief in die Gemüther ein,
Als was man selber sieht. Doch solltens Dinge seyn,
Die man nicht zeigen mag, die darf das Volk nicht sehen:
Man trägt sie mündlich vor, als wären sie geschehen.
Medea darf den Mord an ihrer Leibesfrucht
Nicht öffentlich begehn. Des Atreus Eifersucht,
Giebt dem Thyestes zwar das Fleisch gekochter Knaben;
Doch darf man Topf und Heerd nicht selbst gesehen haben,
Wo sie gesotten sind. Verwandelt Progne sich;
Wird Kadmus eine Schlang; alsdann bediene dich
Der Freyheit nimmermehr, dergleichen sehn zu lassen:
Ich glaub es wahrlich nicht, und werd es ewig hassen.
   Ein Schauspiel, das beliebt und angenehm soll seyn,
Das theile man genau nur in fünf Aufzüg' ein.
Man mische keinen Gott in seiner Helden Thaten,
Bis es nicht möglich ist, der Wunder zu entrathen.
Es sprechen auf einmal nicht mehr als ihrer drey;
Man sorge, daß der Chor zwar mit im Spiele sey:
Doch daß sein Singen nicht die Handlung unterbreche,
Und er nichts thörichtes, nichts ungeschicktes spreche.
Er sey der Tugend hold, er gebe guten Rath,
Und bändige den Zorn. Wer eine Frevelthat

Sich scheuet zu begehn, den muß er willig preisen.
Er lobt die Mäßigkeit der aufgetragnen Speisen,
Liebt Recht und Billigkeit, und der Gesetze Flor,
Erhebt ein ruhig Volk bey unbewachtem Thor,
Verhehlt des andern Fehl, und ruft mit heißem Flehen
Zu Gott: den Armen reich, den Stolzen arm zu sehen.
[...]

Martin Opitz: Buch von der Deutschen Poeterey (1624)

aus: Martin Opitz: Buch von der Deutschen Poeterey. Nach der Edition von Wilhelm Braune neu hrsg. von Richard Alewyn, Tübingen: Niemeyer 1963, S. 20, 30 und 32

[...]
Die Tragedie ist an der maiestet dem Heroischen getichte gemeße / ohne das sie selten leidet / das man geringen standes personen vnd schlechte [= schlichte, einfache] sachen einführe: weil sie nur von Königlichem willen / Todtschlägen / verzweiffelungen / Kinder- vnd Vätermörden / brande / blutschanden / kriege vnd auffruhr / klagen / heulen / seuffzen vnd dergleichen handelt. Von derer zugehör schreibet vornemlich Aristoteles / vnd etwas weitleufftiger Daniel Heinsius; die man lesen kan.

Die Comedie bestehet in schlechtem wesen vnnd personen: redet von hochzeiten / gastgeboten / spielen / betrug vnd schalckheit der knechte / ruhmrätigen Landtsknechten / buhlersachen / leichtfertigkeit der jugend / geitze des alters / kupplerey vnd solchen sachen / die täglich vnter gemeinen [= einfachen] Leuten vorlauffen. Haben derowegen die / welche heutiges tages Comedien geschrieben / weit geirret / die Keyser vnd Potentaten eingeführet; weil solches den regeln der Comedien schnurstracks zuewieder laufft.

[...]
Dieses sey nun von der allgemeinen zuegehör der Poetischen rede: weil aber die dinge von denen wir schreiben vnterschieden sind / als gehöret sich auch zue einem jeglichen ein eigener vnnd von den andern vnterschiedener Character oder merckzeichen der worte. Denn wie ein anderer habit einem könige / ein anderer einer priuatperson gebühret / vnd ein Kriegesman so / ein Bawer anders / ein Kauffmann wieder anders hergehen soll: so muß man auch nicht von allen dingen auff einerley weise reden; sondern zue niedrigen sachen schlechte / zue hohen ansehliche, zue mittel-

mässigen auch mässige vnd weder zue grosse noch zue gemeine worte brauchen.

In den niedrigen Poetischen sachen werden schlechte vnnd gemeine leute eingeführet; wie in Comedien vnd Hirtengesprechen. Darumb tichtet man jhnen auch einfaltige [= unkomplizierte] vnnd schlechte reden an / die jhnen gemässe sein:
[...]
Hergegen in wichtigen sachen / da von Göttern / Helden / Königen / Fürsten / Städten vnd dergleichen gehandelt wird / muß man ansehliche / volle vnd hefftige reden vorbringen / vnd ein ding nicht nur bloß nennen / sondern mit prächtigen hohen worten vmbschreiben. [...]

Johann Christoph Gottsched: Rede vor der „Deutschen Gesellschaft" in Leipzig (1729; Druck 1736)

aus: Klaus Hammer (Hrsg.): Dramaturgische Schriften des 18. Jahrhunderts, Berlin/DDR: Henschel 1968, S. 14–20

Die Schauspiele und besonders die Tragödien sind aus einer wohlbestellten Republik nicht zu verbannen

[...] Ein Trauerspiel, meine Herren, ist ein lehrreiches moralisches Gedicht, darin eine wichtige Handlung vornehmer Personen auf der Schaubühne nachgeahmet und vorgestellet wird. Es ist eine allegorische Fabel, die eine Hauptlehre zur Absicht hat und die stärksten Leidenschaften ihrer Zuhörer als Verwunderung, Mitleiden und Schrecken zu dem Ende erreget, damit sie dieselben in ihre gehörige Schranken bringen möge. Die Tragödie ist also ein Bild der Unglücksfälle, die den Großen dieser Welt begegnen und von ihnen entweder heldenmütig und standhaft ertragen oder großmütig überwunden werden. Sie ist eine Schule der Geduld und Weisheit, eine Vorbereitung zu Trübsalen, eine Aufmunterung zur Tugend, eine Züchtigung der Laster. Die Tragödie belustiget, indem sie erschrecket und betrübet. Sie lehret und warnet in fremden Exempeln, sie erbauet, indem sie vergnüget, und schicket ihre Zuschauer allezeit klüger, vorsichtiger und standhafter nach Hause.

Ich rede also hier, meine Herren, von einer regelmäßigen und wohleingerichteten Tragödie; nicht aber von denjenigen Mißgeburten der Schaubühne, die unter dem prächtigen Titel der Haupt- und Staatsaktionen mit untermischten Lustbarkeiten des Harlekins pflegen aufgeführt zu werden. Weit gefehlt, daß ich diese verächtliche Art der Schauspiele verteidigen und loben sollte; so muß ich sie vielmehr verabscheuen und verwerfen. Denn sie sind keine Nachahmungen der Natur, da sie sich von der Wahrscheinlichkeit fast überall entfernen. Sie sind nicht in der Absicht verfertiget, daß der Zuschauer erbauet werde. Sie erregen keine große Leidenschafen, geschweige denn, daß sie selbige in ihre Schranken bringen sollten. Sie sind nicht fähig, edle Empfindungen zu erwecken oder die Gemüter der Zuschauer zu einer großmütigen Verachtung des Unglücks zu erheben; sondern sie befördern vielmehr die Kleinmut und Zaghaftigkeit durch die Beispiele ohnmächtiger und verächtlicher Helden. Kurz, man muß der Tragödie diejenigen Fehler gar nicht zurechnen, welche man in dieser Art ungereimter Schauspiele irgend wahrgenommen hat.

Nun erwäge man es selbst, ob nicht ein solches Trauerspiel, als es in den Regeln und Beispielen der Alten, ja auch einiger neuen Völker, sonderlich der Franzosen, vorkömmt, bei seinen Zuschauern einen herrlichen Nutzen nach sich ziehe? Alle Sittenlehrer sind eins, daß Exempel in moralischen Dingen eine besondere Kraft haben, die Gemüter der Menschen von gewissen Wahrheiten zu überführen. Die meisten Gemüter sind viel zu sinnlich gewöhnt, als daß sie einen Beweis, der aus bloßen Vernunftschlüssen besteht, sollten etwas gelten lassen, wenn ihre Leidenschaften demselben zuwider sind. Allein Exempel machen einen stärkern Eindruck ins Herz. Daher befleißigen sie sich, fast alle ihre Lehren aus den Geschichten zu erläutern. Sie machen Sammlungen von allerlei alten und neuen Begebenheiten, um durch solche Exempelbücher die bittern Wahrheiten zu versüßen, die schwachen Gemüter durch ihre Schwäche selbst zu lenken. Äsopus geht noch weiter. Er macht Fabeln, die unglaublich sind. Er läßt die Tiere menschlich denken und reden, um seine Leser dadurch zu erbauen. Die Malerkunst zeichnet dieselben auf deutlichste vor die Augen und unterrichtet also das Herz auch durch die Augen. Und es hat sich's noch niemand in den Sinn kommen lassen, dergleichen Art, sittliche Wahrheiten auszubreiten, im geringsten zu tadeln.

Was tut aber die Poesie in ihren Tragödien anders als ebendieses? Ihre Fabeln sind wahrscheinlicher als die äsopischen; sie sind ebenso wahrscheinlich als die wahrhaftigsten Begebenheiten, ja oft noch wahrscheinlicher. Sie sind dabei noch lehrreicher als die bloße Historie, weil sie ausdrücklich dazu erfunden worden, daß sie auch allegorisch sein sollen. Ist ja noch ein Unterschied, so ist er so beschaffen, daß er ihr zum Vorteile gereichet. Sie erzählet auch diese ihre Fabeln nicht nur schlechtweg; sie verkleidet sie in die schönsten poetischen Zierate. Man liest, man höret sie nicht nur in einer matten Erzählung des Poeten, sondern man sieht sie gleichsam mit lebendigen Farben vor Augen. Man sieht sie aber auch nicht in toten Bildern auf dem Papiere, sondern in lebendigen Vorstellungen auf der Schaubühne. Alle ihre Helden leben. Ihre Personen denken, reden und handeln wahrhaftig. Es ist sozureden kein Bild, keine Abschilderung, keine Nachahmung mehr; es ist die Wahrheit, es ist die Natur selbst, was man sieht und höret.

Da bin ich selbst zugegen, wenn ein Porus mitten in seinem Unglücke, auch bei einer verlornen Krone, noch großmütig ist; und seinem Sieger auch in den Fesseln nicht sklavisch, sondern königlich antwortet. Da bin ich selbst zugegen, wenn der sanftmütige Augustus seinem Verräter Cinna den Kopf schenket, den er seinem eigenen Geständnisse nach verwirket hatte. Da sehe ich einen weisen Titus, seine zärtlichste Liebe der Begierde, ein guter Kaiser, ja die Lust der Welt zu werden, aufopfern; und seine Bérénice mit gleicher Standhaftigkeit einen Kaiserthron verlassen. Da sehe ich endlich einen Cato allen Staatsstreichen des herschsüchtigen Cäsars heldenmütig widerstehen und eine unglückliche Tugend dem triumphierenden Laster bis in den Tod selbst vorziehen. Alle diese und unzählige andere Bilder rühren mich in dem Innersten der Seelen. Ich bewundere solche Helden. Ich verehre ihre Vollkommenheit. Ich fasse einen edlen Vorsatz, sie nachzuahmen, und fühle einen heimlichen Ehrgeiz, nicht schlechter als sie befunden zu werden.

Ich weiß wohl, was man hier einwenden kann. Das sind Bilder von den Großen dieser Welt. Das sind Schauspiele für Könige und Fürsten; diese mögen sich Lehren aus solchen Tragödien ziehen und die berühmten Exempel der Helden sich zu Mustern vorstellen lassen. Aber was nützet dieses andern von mittlerm und geringerm Stande? Es ist zum Teil wahr, was man saget, meine Herren; aber darum ist noch nicht alles gegründet. Ich bin indessen zufrieden, daß man mir schon soviel eingeräumet hat, daß die Trauerspiele Königen und Fürsten nützlich und erbaulich sein können. Mit dem übrigen wird sich's schon von sich selbst geben.

Freilich ist es so, ihr Monarchen, Kaiser, Könige, Fürsten und Herren! ihr Großen und Gewaltigen dieser Erden! Die Wahrheit dringet fast nicht anders vor eure Augen und Ohren als durch die Bilder der Poeten; als durch die Lobgesänge der Dichter, die euch in dem Preise verstorbener Helden zeigen, was ihr tun sollet; oder die euch wohl selbst um solcher Eigenschaften halber rühmen, die ihr noch nicht besitzet, um euch zu zeigen, was eure Pflicht ist. Die Musen allein erkühnen sich's, euch auf euren Thronen zu lehren, wenn sich euer ganzes Hofgesinde in Schmäuchler verwandelt hat. Die Wahrheit, welche in ihrer natürlichen Gestalt durch eure Leibwachten und Trabanten nicht durchdringen kann, sieht sich genötiget, von der göttlichen Melpomene ihr tragisches Kleid zu erborgen. Da tritt sie denn in Gestalt alter Helden auf die Schaubühne. Da prediget sie euch mit Nachdruck von der wahren Größe der Prinzen; von der Nichtigkeit aller weltlichen Hoheit; von der Abscheulichkeit der Tyrannei! Da lehrt sie euch, ihr Götter dieser Erden, daß ihr auch Menschen seid, und zwinget oft auch einen Phalaris, Tränen zu vergießen, wenn ihm Stesichorus die grausame Seele durch eine bewegliche Vorstellung empfindlich gemachet hat.

So gewiß es nun damit seine Richtigkeit hat, meine Herren, so wenig kann man doch behaupten, daß deswegen die Trauerspiele denen von mittlerm Stande nichts helfen könnten. Sind denn nicht die meisten Begebenheiten und Zufälle dieses Lebens allen Menschen gemein? Sind wir nicht zu einerlei Tugenden und Lastern fähig und geneigt? Kann nicht ein Edler und Bürger ebendas im kleinen ausüben, was Fürsten und Helden im großen getan? Und bekömmt nicht der Schluß selbst durch die Ungleichheit der Personen eine größere Kraft: dieser oder jener Prinz hat sich in einem weit schrecklichern Unfalle gelassen und standhaft erwiesen; daher muß ich mich auch in geringern Zufällen nicht ungebärdig stellen. Dieser Held hat sich in weit traurigern Umständen mit der Unschuld und Tugend getröstet; daher will ich derselben in mittelmäßigen Bekümmernissen auch nicht abtrünnig werden, sondern lieber unschuldig leiden, als durch Laster groß und glücklich werden. Was will man, an dieser Art sich zu erbauen, Gründlichers und Nützlichers wünschen? Und wie will man's mit einigem Scheine behaupten, daß die tragischen Schauspiele nur Königen und Fürsten nutzen können?

Ich höre noch einen Einwurf machen, wenn man sich auf die Erfahrung berufet: welche es gleichwohl nicht zeiget, daß diese Schauspiele viele Leute tugendhaft gemacht hätten. Allein der Einwurf ist vergeblich, weil er zuviel beweisen würde, wenn er wahr wäre. Denn auch selbst die Predigten würden nicht erbaulich sein, wenn man so augenscheinliche Wirkungen derselben bei allen Zuhörern fordern wollte? Wieviel Geizige sind denn freigebig, wieviel Trunkenbolde mäßig, wieviel Unzüchtige keusch, wieviel Unbarmherzige sind mitleidig und gelinde geworden, wenn sie eine geistliche Rede von ihrem Laster angehöret? Man gebe mir ein Verzeichnis von allen diesen Bekehrten, die aus so vielen Millionen Predigten frömmer geworden, so will ich mich allezeit anheischig machen, aus den Trauerspielen, die doch auch da, wo sie fleißig gespielet werden, nicht den zehntausendsten Teil von jenen ausmachen, ebenso viele aufzuweisen.

Die Besserung des menschlichen Herzens ist fürwahr kein Werk, welches in einer Stunde geschehen kann. Es gehören tausend Vorbereitungen, tausend Umstände, viel Erkenntnis, Überzeugung, Erfahrungen, Beispiele und Aufmunterungen dazu, ehe ein Lasterhafter seine Art fahren läßt. Genug, daß man einen Samen nach dem andern ins Herz wirft, der zu seiner Zeit aufgeht und Früchte bringet. Es bleibt so manches in den Gemütern aufmerksamer Zuschauer kleben, dessen sie sich bei Gelegenheit wiederum erinnern. [...]

Die Vorsehung, die Gerechtigkeit und Güte Gottes; die Unsterblichkeit der Seelen, das Lob der Tugend und die Schande der Laster herrschen allezeit in den Trauerspielen. Die Unschuld wird allezeit als triumphierend, die Bosheit aber als verdammlich vorgestellet. Und wenn man ja jene zuweilen auch unglücklich, dieses hergegen als glücklich erblicket: so erscheinen doch beide in der ihnen beiden so eigenen Schönheit und Häßlichkeit, daß wohl niemand unter den Zuschauern zu finden ist, der nicht lieber bei der Tugend unglücklich, als bei den Lastern glücklich zu sein wünschen sollte. Diese gesunden Begriffe nun pflanzet die Schaubühne in die Gemüter der Menschen, auch wenn sich diese bloß zu belustigen denken. Sie suchen nur Anmut und finden Nutzen; sie streben nach einem Zuckerwerke und finden die nahrhafteste Speise darunter verborgen.

Urteilen Sie nun selbst, meine Herren, ob Schauspiele von dieser Gattung so verwerflich sein können, als sie von ihren unverständigen Feinden ausgegeben werden? Wir haben ja alle Einwürfe widerleget; wir haben alle Ausflüchte verstopfet, die man uns machen kann. Wollen wir uns an dem Leben derjenigen stoßen, die uns die Schauspiele vorstellen? Vielleicht tut man ihnen mit diesem Verdachte unrecht! Vielleicht handelt man zu lieblos, wenn man es allen zuschreibet, was einer oder der andre versehen hat! Allein gesetzt, es wäre so. Soll denn die Tragödie deswegen unnützlich werden? Sollen wir uns deswegen derselben entziehen? Das wäre ebenso lächerlich, als mit den eingebildeten Heiligen unsrer Zeiten sich der Kirche und der Sakramente zu enthalten; weil es unwiedergeborne Geistliche gibt, die den Gebrauch derselben befördern.

Ich sehe niemals Komödianten; ich sehe Könige und Helden auf der Schaubühne. Ich höre, was sie reden und tun, solange sie ihre Rollen spielen; nicht aber, was sie zu Hause, in ihrem Leben und Wandel vornehmen. Warum soll ich mich um so weit gesuchter Ursachen halber eines Vergnügens berauben, das so nützlich ist? Das menschliche Leben hat ohnedem nicht viele Belustigungen, die so rein, so untadelig und der Tugend selbst so beförderlich sind als die Trauerspiele. Ich will sie also besuchen, sooft es sich andrer Umstände halber wird tun lassen; und durch die Wirkungen derselben, auch in meinen Handlungen, meine Gegner zu widerlegen suchen.

Johann Christoph Gottsched: Versuch einer Critischen Dichtkunst (1730)

aus: Johann Christoph Gottsched: Versuch einer Critischen Dichtkunst. Unveränderter photomechanischer Nachdruck der 4., vermehrten Auflage (Leipzig 1751), Darmstadt: Wissenschaftliche Buchgesellschaft ⁵1962, S. 613–616

Von Tragödien, oder Trauerspielen

14. §. Eine solche Fabel nun zu erdichten, sie recht wahrscheinlich einzurichten, und wohl auszuführen, das ist das allerschwerste in einer Tragödie. Es hat viele Poeten gegeben, die in allem andern Zubehöre des Trauerspiels, in den Charactern, in dem Ausdrucke, in den Affecten etc. glücklich gewesen: aber in der Fabel ist es sehr wenigen gelungen. [. . .] Sonderlich ist das engländische Theater insgemein in der Einrichtung der Fabel fehlerhaft, als welche größtentheils nichts besser sind, als die altfränkischen Haupt- und Staatsactionen der gemeinen Komödianten unter uns. Das kömmet aber daher, daß ein Trauerspiel eine dreyfache Einheit haben muß, wenn ich so reden darf: Die Einheit der Handlung, der Zeit, und des Ortes. Von allen dreyen müssen wir insonderheit handeln.

16. §. Die Einheit der Zeit ist das andere, das in der Tragödie unentbehrlich ist. Die Fabel eines Heldengedichtes kann viele Monate dauren, wie oben gewiesen worden; das macht, sie wird nur gelesen: aber die Fabel eines Schauspieles, das mit lebendigen Personen in etlichen Stunden wirklich vorgestellet wird, kann nur einen Umlauf der Sonne, wie *Aristoteles* spricht; das ist einen Tag, dauren. Denn was hätte es für eine Wahrscheinlichkeit, wenn man in dem ersten Auftritte den Helden in der Wiege, etwas weiter hin als einen Knaben, hernach als einen Jüngling, Mann, Greis, und zuletzt gar im Sarge vorstellen wollte: wie *Cervantes* solche thörichte Schauspiele, an seinen spanischen Poeten, im Don Quixote ausgelachet hat. Haben es die Engländer nicht völlig so schlimm gemacht; so ist es doch nicht viel besser: *Schakespears*

Cäsar hebt vor der Ermordung *Cäsars* an, und dauret bis nach der philippischen Schlacht, wo *Brutus* und *Cassius* geblieben. Oder wie ist es wahrscheinlich, daß man es auf der Schaubühne etlichemal Abend werden sieht; und doch selbst, ohne zu essen, oder zu trinken, oder zu schlafen, immer auf einer Stelle sitzen bleibt? Die besten Fabeln würden also eigentlich diejenigen seyn, die nicht mehr Zeit nöthig gehabt hätten, wirklich zu geschehen, als sie zur Vorstellung brauchen; das ist etwa zwey oder drey Stunden: und so sind die Fabeln der meisten griechischen Tragödien beschaffen. Kömmt es hoch, so bedörfen sie sechs, acht, oder zum höchsten zwölf Stunden zu ihrem ganzen Verlaufe: und höher muß es ein Poet nicht treiben; wenn er nicht wider die Wahrscheinlichkeit handeln will.

18. §. Zum dritten gehöret zur Tragödie die Einigkeit des Ortes. Die Zuschauer bleiben auf einer Stelle sitzen: folglich müssen auch die spielenden Personen alle auf einem Platze bleiben, den jene übersehen können, ohne ihren Ort zu ändern. So ist z. E. im *Oedipus* der Schauplatz auf dem Vorhofe des königlichen thebanischen Schlosses, darinn *Oedipus* wohnet. Alles, was in der ganzen Tragödie vorgeht, das geschieht vor diesem Pallaste: nichts, was man wirklich sieht, trägt sich in den Zimmern zu; sondern draußen auf dem Schloßplatze, vor den Augen alles Volks. Heute zu Tage, da unsre Fürsten alles in ihren Zimmern verrichten, fällt es also schwerer, solche Fabeln wahrscheinlich zu machen. Daher nehmen denn die Poeten gemeiniglich alte Historien dazu; oder sie stellen uns auch einen großen Audienzsaal vor, darinn vielerley Personen auftreten können. Ja sie helfen sich auch zuweilen mit dem Vorhange, den sie fallen lassen und aufziehen; wenn sie zwey Zimmer zu der Fabel nöthig haben. [. . .] Es ist also in einer regelmäßigen Tragödie nicht erlaubt, den Schauplatz zu ändern. Wo man ist, da muß man bleiben; und daher auch nicht in dem ersten Aufzuge im Walde, in dem andern in der Stadt, in dem dritten im Kriege, und in dem vierten in einem Garten, oder auf der See seyn. Das sind lauter Fehler wider die Wahrscheinlichkeit: eine Fabel aber, die nicht wahrscheinlich ist, taugt nichts, weil dieses ihre vornehmste Eigenschaft ist.

Gotthold Ephraim Lessing: Brief an Friedrich Nicolai (Nov. 1756)

aus: Gotthold Ephraim Lessing, Moses Mendelssohn, Friedrich Nicolai: Briefwechsel über das Trauerspiel. Herausgegeben und kommentiert von Jochen Schulte-Sasse, München: Winkler 1972, S. 53–57

[...]
Das meiste wird darauf ankommen: was das Trauerspiel für Leidenschaften erregt. In seinen Personen kann es alle mögliche Leidenschaften wirken lassen, die sich zu der Würde des Stoffes schicken. Aber werden auch zugleich alle diese Leidenschaften in den Zuschauern rege? Wird er freudig? wird er verliebt? wird er zornig? wird er rachsüchtig? Ich frage nicht, ob ihn der Poet so weit bringt, daß er diese Leidenschaften in der spielenden Person billiget, sondern ob er ihn so weit bringt, daß er diese Leidenschaften selbst *fühlt,* und nicht blos fühlt, ein andrer fühle sie?

Kurz, ich finde keine einzige Leidenschaft, die das Trauerspiel in dem Zuschauer rege macht, als das Mitleiden. Sie werden sagen: erweckt es nicht auch Schrecken? erweckt es nicht auch Bewunderung? Schrecken und Bewunderung sind keine Leidenschaften, nach meinem Verstande. Was denn? Wenn Sie es in Ihrer Abschilderung getroffen haben, was Schrecken ist, eris mihi magnus Apollo, und wenn Sie es getroffen haben, was Bewunderung ist, Phyllida solus habeto.

Setzen Sie sich auf Ihre Richterstühle, meine Herren, Nikolai und Moses. Ich will es sagen, was ich mir unter beyden vorstelle.

Das Schrecken in *der Tragödie* ist weiter nichts als die plötzliche Ueberraschung des Mitleides, ich mag den Gegenstand meines Mitleids kennen oder nicht. Z. E. endlich bricht der Priester damit heraus: *Du Oedip bist der Mörder des Lajus!* Ich erschrecke, denn auf einmahl sehe ich den rechtschafnen Oedip unglücklich; mein Mitleid wird auf einmal rege. Ein ander Exempel: es erscheinet ein Geist; ich erschrecke: der Gedanke, daß er nicht erscheinen würde, wenn er nicht zu des einen oder zu des andern Unglück erschiene, die dunkle Vorstellung dieses Unglücks, ob ich den gleich noch nicht kenne, den es treffen soll, überraschen mein Mitleid, und dieses überraschte Mitleid heißt Schrecken. Belehren Sie mich eines Bessern, wenn ich Unrecht habe.

Nun zur Bewunderung! Die Bewunderung! *O in der Tragödie,* um mich ein wenig orakelmäßig auszudrücken, ist das entbehrlich gewordene Mitleiden. Der Held ist unglücklich, aber er ist über sein Unglück so weit erhaben, er ist selbst so stolz darauf, daß es auch in meinen Gedanken die schreckliche Seite zu verlieren anfängt, daß ich ihn mehr beneiden, als bedauern möchte.

Die Staffeln sind also diese: Schrecken, Mitleid, Bewunderung. Die Leiter aber heißt: Mitleid; und Schrecken und Bewunderung sind nichts als die ersten Sprossen, der Anfang und das Ende des Mitleids. [...] Das Schrecken braucht der Dichter zur Ankündigung des Mitleids, und Bewunderung gleichsam zum Ruhepunkte desselben. Der Weg zum Mitleid wird dem Zuhörer zu lang, wenn ihn nicht gleich der erste Schreck aufmerksam macht, und das Mitleiden nützt sich ab, wenn es sich nicht in der Bewunderung erholen kann. Wenn es also wahr ist, daß die ganze Kunst des tragischen Dichters auf die sichere Erregung und Dauer des einzigen Mitleidens geht, so sage ich nunmehr, die Bestimmung der Tragödie ist diese: sie soll *unsre Fähigkeit, Mitleid zu fühlen,* erweitern. Sie soll uns nicht blos lehren, gegen diesen oder jenen Unglücklichen Mitleid zu fühlen, sondern sie soll uns so weit fühlbar machen, daß uns der Unglückliche zu allen Zeiten, und unter allen Gestalten, rühren und für sich einnehmen muß. Und noch berufe ich mich auf einen Satz, den Ihnen Herr Moses vorläufig demonstriren mag, wenn Sie, Ihrem eignen Gefühl zum Trotz, daran zweifeln wollen. *Der mitleidigste Mensch ist der beste Mensch,* zu allen gesellschaftlichen Tugenden, zu allen Arten der Großmuth der aufgelegteste. Wer uns also mitleidig macht, macht uns besser und tugendhafter, und das

Trauerspiel, das jenes thut, thut auch dieses, oder – es thut jenes, um dieses thun zu können. Bitten Sie es dem Aristoteles ab, oder widerlegen Sie mich.

Auf gleiche Weise verfahre ich mit der Komödie. Sie soll uns zur Fertigkeit verhelfen, alle Arten des Lächerlichen leicht wahrzunehmen. Wer diese Fertigkeit besitzt, wird in seinem Betragen alle Arten des Lächerlichen zu vermeiden suchen, und eben dadurch der wohlgezogenste und gesittetste Mensch werden. Und so ist auch die Nützlichkeit der Komödie gerettet.

Beyder Nutzen, des Trauerspiels sowohl als des Lustspiels, ist von dem Vergnügen unzertrennlich; denn die ganze Hälfte des Mitleids und des Lachens ist Vergnügen, und es ist großer Vortheil für den dramatischen Dichter, daß er weder nützlich, noch angenehm, eines ohne das andere seyn kann. [...]

Das Trauerspiel soll so viel Mitleid erwecken, als es nur immer kann; folglich müssen alle Personen, die man unglücklich werden läßt, gute Eigenschaften haben, folglich muß die beste Person auch die unglücklichste seyn, und Verdienst und Unglück in beständigem Verhältnisse bleiben. Das ist, der Dichter muß keinen von allem Guten entblößten Bösewicht auffführen. Der Held oder die beste Person muß nicht, gleich einem Gotte, seine Tugenden ruhig und ungekränkt übersehen. [...] Merken Sie aber wohl, daß ich hier nicht von dem Ausgange rede, denn das stelle ich in des Dichters Gutbefinden, ob er lieber die Tugend durch einen glücklichen Ausgang krönen, oder durch einen unglücklichen uns noch interessanter machen will. Ich verlange nur, daß die Personen, die mich am meisten für sich einnehmen, *während der Dauer des Stücks,* die unglücklichsten seyn sollen. Zu dieser Dauer aber gehöret nicht der Ausgang.

Das Schrecken, habe ich gesagt, ist das überraschte Mitleiden; ich will hier noch ein Wort hinzusetzen: das überraschte *und unentwickelte* Mitleiden; folglich wozu die Ueberraschung, wenn es nicht entwickelt wird? Ein Trauerspiel voller Schrecken, ohne Mitleid, ist ein Wetterleuchten ohne Donner. So viel Blitze, so viel Schläge, wenn uns der Blitz nicht so gleichgültig werden soll, daß wir ihm mit einem kindischen Vergnügen entgegen gaffen.

Die Bewunderung, habe ich mich ausgedrückt, ist das entbehrlich gewordene Mitleid. Da aber das Mitleid das Hauptwerk ist, so muß es folglich so selten als möglich entbehrlich werden; der Dichter muß seinen Held nicht zu sehr, nicht zu anhaltend der bloßen Bewunderung aussetzen, und Cato als ein Stoiker ist mir ein schlechter tragischer Held. Der bewunderte Held ist der Vorwurf der Epopee; der *bedauerte* des Trauerspiels. [...]

Gotthold Ephraim Lessing: Hamburgische Dramaturgie
(1767–1768)

aus: Gotthold Ephraim Lessing: Gesammelte Werke in 10 Bdn., hrsg. von
Paul Rilla, Berlin und Weimar: Aufbau 1968, Bd. 6, S. 76, 237 f., 381–
383, 398–400

VIERZEHNTES STÜCK
Den 16. Junius 1767

[...] Die Namen von Fürsten und Helden können einem Stücke
Pomp und Majestät geben; aber zur Rührung tragen sie nichts bei.
Das Unglück derjenigen, deren Umstände den unsrigen am nächsten kommen, muß natürlicher Weise am tiefsten in unsere Seele
dringen; und wenn wir mit Königen Mitleiden haben, so haben
wir es mit ihnen als mit Menschen, und nicht als mit Königen.
Macht ihr Stand schon öfters ihre Unfälle wichtiger, so macht er
sie darum nicht interessanter. Immerhin mögen ganze Völker
darein verwickelt werden; unsere Sympathie erfordert einen einzeln Gegenstand, und ein Staat ist ein viel zu abstrakter Begriff
für unsere Empfindungen. [...]

SECHSUNDVIERZIGSTES STÜCK
Den 6. Oktober 1767

Ein anderes ist, sich mit den Regeln abfinden; ein anderes, sie
wirklich beobachten. Jenes tun die Franzosen; dieses scheinen
nur die Alten verstanden zu haben.

Die Einheit der Handlung war das erste dramatische Gesetz
der Alten; die Einheit der Zeit und die Einheit des Ortes waren
gleichsam nur Folgen aus jener, die sie schwerlich strenger beobachtet haben würden, als es jene notwendig erfordert hätte, wenn
nicht die Verbindung des Chors dazu gekommen wäre. [...]

Die Franzosen hingegen, die an der wahren Einheit der Handlung keinen Geschmack fanden, die durch die wilden Intrigen der
spanischen Stücke schon verwöhnt waren, ehe sie die griechische

Simplizität kennen lernten, betrachteten die Einheiten der Zeit
und des Orts nicht als Folgen jener Einheit, sondern als für sich
zur Vorstellung einer Handlung unumgängliche Erfordernisse,
welche sie auch ihren reichern und verwickeltern Handlungen in
eben der Strenge anpassen müßten, als es nur immer der Gebrauch
des Chors erfordern könnte, dem sie doch gänzlich entsagt hatten.
Da sie aber fanden, wie schwer, ja wie unmöglich öfters, dieses
sei: so trafen sie mit den tyrannischen Regeln, welchen sie ihren
völligen Gehorsam aufzukündigen nicht Mut genug hatten, ein
Abkommen. Anstatt eines einzigen Ortes führten sie einen unbestimmten Ort ein, unter dem man sich bald den, bald jenen, einbilden könne; genug, wenn diese Orte zusammen nur nicht gar zu
weit auseinander lägen, und keiner eine besondere Verzierung bedürfe, sondern die nämliche Verzierung ungefähr dem einen so
gut als dem andern zukommen könne. Anstatt der Einheit des
Tages schoben sie die Einheit der Dauer unter; und eine gewisse
Zeit, in der man von keinem Aufgehen und Untergehen der Sonne
hörte, in der niemand zu Bette ging, wenigstens nicht öfterer als
einmal zu Bette ging, mochte sich doch sonst noch so viel und
mancherlei darin ereignen, ließen sie für *einen* Tag gelten. [...]

FÜNFUNDSIEBZIGSTES STÜCK
Den 19. Januar 1768

[...] Denn er, Aristoteles, ist es gewiß nicht, der die mit Recht
getadelte Einteilung der tragischen Leidenschaften in Mitleid
und Schrecken gemacht hat. Man hat ihn falsch verstanden, falsch
übersetzt. Er spricht von Mitleid und Furcht, nicht von Mitleid
und Schrecken, und seine Furcht ist durchaus nicht die Furcht,
welche uns das bevorstehende Übel eines andern, für diesen andern, erweckt, sondern es ist die Furcht, welche aus unserer Ähnlichkeit mit der leidenden Person für uns selbst entspringt; es ist
die Furcht, daß die Unglücksfälle, die wir über dieses verhänget
sehen, uns selbst treffen können; es ist die Furcht, daß wir der bemitleidete Gegenstand selbst werden können. Mit einem Worte:
diese Furcht ist das auf uns selbst bezogene Mitleid. [...]

Es beruhet aber alles auf dem Begriffe, den sich Aristoteles von dem Mitleiden gemacht hat. Er glaubte nämlich, daß das Übel, welches der Gegenstand unsers Mitleidens werden solle, notwendig von der Beschaffenheit sein müsse, daß wir es auch für uns selbst, oder für eines von den Unsrigen zu befürchten hätten. Wo diese Furcht nicht sei, könne auch kein Mitleiden stattfinden. Denn weder der, den das Unglück so tief herabgedrückt habe, daß er weiter nichts für sich zu fürchten sähe, noch der, welcher sich so vollkommen glücklich glaube, daß er gar nicht begreife, woher ihm ein Unglück zustoßen könne, weder der Verzweifelnde noch der Übermütige pflege mit andern Mitleid zu haben. Er erkläret daher auch das Fürchterliche und das Mitleidswürdige eines durch das andere. Alles das, sagt er, ist uns fürchterlich, was, wenn es einem andern begegnet wäre, oder begegnen sollte, unser Mitleid erwecken würde: und alles das finden wir mitleidswürdig, was wir fürchten würden, wenn es uns selbst bevorstünde. Nicht genug also, daß der Unglückliche, mit dem wir Mitleiden haben sollen, sein Unglück nicht verdiene, ob er es sich schon durch irgendeine Schwachheit zugezogen: seine gequälte Unschuld, oder vielmehr seine zu hart heimgesuchte Schuld sei für uns verloren, sei nicht vermögend, unser Mitleid zu erregen, wenn wir keine Möglichkeit sähen, daß uns sein Leiden auch treffen könne. Diese Möglichkeit aber finde sich alsdann und könne zu einer großen Wahrscheinlichkeit erwachsen, wenn ihn der Dichter nicht schlimmer mache, als wir gemeiniglich zu sein pflegen, wenn er ihn vollkommen so denken und handeln lasse, als wir in seinen Umständen würden gedacht und gehandelt haben, oder wenigstens glauben, daß wir hätten denken und handeln müssen: kurz, wenn er ihn mit uns von gleichem Schrot und Korne schildere. Aus dieser Gleichheit entstehe die Furcht, daß unser Schicksal gar leicht dem seinigen ebenso ähnlich werden könne, als wir ihm zu sein uns selbst fühlen: und diese Furcht sei es, welche das Mitleid gleichsam zur Reife bringe. [...]

ACHTUNDSIEBZIGSTES STÜCK
Den 29. Januar 1768

[...] Denn wenn Aristoteles behauptet, daß die Tragödie Mitleid und Furcht errege, um Mitleid und Furcht zu reinigen: wer sieht nicht, daß dieses weit mehr sagt, als Dacier zu erklären für gut befunden? Denn, nach den verschiedenen Kombinationen der hier vorkommenden Begriffe, muß der, welcher den Sinn des Aristoteles ganz erschöpfen will, stückweise zeigen, 1. wie das tragische Mitleid unser Mitleid, 2. wie die tragische Furcht unsere Furcht, 3. wie das tragische Mitleid unsere Furcht, und 4. wie die tragische Furcht unser Mitleid reinigen könne und wirklich reinige. Dacier aber hat sich nur an den dritten Punkt gehalten, und auch diesen nur sehr schlecht, und auch diesen nur zur Hälfte erläutert. Denn wer sich um einen richtigen und vollständigen Begriff von der Aristotelischen Reinigung der Leidenschaften bemüht hat, wird finden, daß jeder von jenen vier Punkten einen doppelten Fall in sich schließet. Da nämlich, es kurz zu sagen, diese Reinigung in nichts anders beruhet, als in der Verwandlung der Leidenschaften in tugendhafte Fertigkeiten; bei jeder Tugend aber, nach unserm Philosophen, sich diesseits und jenseits ein Extremum findet, zwischen welchem sie innestehet: so muß die Tragödie, wenn sie unser Mitleid in Tugend verwandeln soll, uns von beiden Extremis des Mitleids zu reinigen vermögend sein; welches auch von der Furcht zu verstehen. Das tragische Mitleid muß nicht allein, in Ansehung des Mitleids, die Seele desjenigen reinigen, welcher zu viel Mitleid fühlt, sondern auch desjenigen, welcher zu wenig empfindet. Die tragische Furcht muß nicht allein, in Ansehung der Furcht, die Seele desjenigen reinigen, welcher sich ganz und gar keines Unglücks befürchtet, sondern auch desjenigen, den ein jedes Unglück, auch das entfernteste, auch das unwahrscheinlichste, in Angst setzet. Gleichfalls muß das tragische Mitleid, in Ansehung der Furcht, dem was zu viel, und dem was zu wenig, steuern: so wie hinwiederum die tragische Furcht, in Ansehung des Mitleids. Dacier aber, wie gesagt, hat nur gezeigt, wie das tragische Mitleid unsere allzugroße Furcht mäßige: und noch nicht einmal, wie es dem gänzlichen Mangel derselben abhelfe oder sie in dem, welcher allzuwenig von ihm empfindet, zu einem heilsamern Grade erhöhe; geschweige, daß er auch das übrige sollte gezeigt haben. Die nach ihm gekommen, haben, was er unterlassen, auch im geringsten nicht ergänzet; aber wohl sonst, um nach ihrer Meinung den Nutzen der Tragödie völlig außer Streit zu setzen, Dinge dahin gezogen, die dem Gedichte überhaupt, aber keineswegs der Tragödie, als Tragödie, insbesondere zukommen; z. E. daß sie die Triebe der Menschlichkeit nähren und stärken; daß sie Liebe zur Tugend und Haß gegen das Laster wirken solle usw. Lieber! welches Gedicht sollte das nicht? Soll es aber ein jedes: so kann es nicht das unterscheidende Kennzeichen der Tragödie sein; so kann es nicht das sein, was wir suchten.

Johann Gottfried Herder: Von Deutscher Art und Kunst. Einige fliegende Blätter (1773) — II Shakespear/ Anhang

aus: Herders Sämtliche Werke, hrsg. von Bernhard Suphan, Bd. 5, Berlin: Weidmannsche Verlagsbuchhandlung 1891, S. 249–252

Daß man die Griechen doch ja nicht zur Unzeit anführe! Ihre Tragödie muste so nothwendig und natürlich Einen Ort haben, als Shakspear nicht Einen Ort haben muß: denn, wie gezeigt, ihr ganzes Wesen ist verschieden. Man weiß, wie die Griechische Tragödie aus Einem Auftritt allmälich entstanden; die Zahl der Personen nach und nach zugenommen, und da sie auch in ihrem künstlichsten Zustande nur eigentlich Eine Helden-Vaterlands- oder Geschlechtshandlung zum Werk hatte: was natürlicher, als daß diese Eine Handlung auch an Einem Orte, die Eine öffentliche Handlung an einem öffentlichen und meistens feierlichen Orte geschahe? Die Scene ward dahin verlegt, wo sie geschahe, und wo sie nicht an Einem Ort geschehen konnte, wurde sie, wie wohl es wegen der Einen Handlung seltner geschehen dorfte, verändert. Was gilt darinn für Shakespear, der nichts mit dieser Einen feierlichen Handlung gemein hat: deßen Ideal Begebenheit der Welt und die ganze lebendige Schöpfung ist? — Er muß so natürlich verändern, als jene nicht veränderten, und Sophokles und Aristoteles, sobald sie von seinem Drama nur Begriff haben, könnten ihn nicht anders als loben.

Nur die seligen Franzosen, diese grosse Dramaturgen, die fast jede Regel der Griechen mißverstanden und falsch angewandt — sie, die die neue Kunst erfunden, die Tragödie in ein regelmäßiges Gerippe von Gesprächen auf einem Gerüste, was sich Theater nennt, zu verwandeln — die die neue Kunst erfunden, abentheuerliche Helden mit den prächtigsten Sittenlehren, Schattenmenschen ohne Bestandheit und Charakter, und Personen zu [erfinden] liefern, deren Einer immer eine ganze Gattung vorstellt — die, zur grossen Erbauung des Parterrs eine neue Sprache der Leidenschaft erfunden, die künstlich, sehr schön und zierlich, nur davon kein Wort wahr ist – sie, die grossen Beobachter des Dekorum, und des heiligen Dreimal Eins, haben es Shakespear und den Engländern zum lächerlichsten Verbrechen gemacht, nicht, wie sie, zu dichten; und was noch mehr ist, Engländer selbst haben auf ihre Vorwürfe oft übel, und meistens nur entschuldigend geantwortet, weil immer Aristoteles wider Wesen und Willen ins Spiel kam – – [...]

Aristoteles Kanon der Zeit, auf Shakespear angewandt, wird eben der Unsinn: denn Zeit und Ort stehen überhaupt zu sehr in Verbindung. Was in Einer Scene vorgehen soll, – nun das muß auch in Einer Scene vorgehen können, und so ists bei Shakespear allemal; aber nun welches Band der Zeit darf die Scenen verbinden, die ja nicht, als Eins erscheinen, die sich Ort und Art nach so sehr verändern, und wo eben die Veränderung zeigt, daß sie nicht als Eins der Zeit nach erscheinen wollen. Bei den Griechen waren alle Scenen eigentlich nur *Eine Scene:* das Theater blieb nie leer: der Chor füllte selbst den Raum zwischen dem was wir Aufzüge nennen aus: also nur Ein Gemälde Einer fortgehenden Handlung ohne den geringsten Unterbruch, und die Einheit der Zeit war also ohne Zauberei und Eigensinn so natürlich als – sie bei Shakespear unnatürlich seyn müste. Welche elende Illusion wäre es da, eine Weltbegebenheit, die in allen Orten und Landen vorgeht, nach der Taschenuhr meßen zu wollen – welche elende Illusion für Einen Shakespear? Sie ist so fein und künstlich, so willkührlich und conventionell, daß sie als Hauptsache niemandes würdig ist, als der Aufmerksamkeit eines Franzosen, der keine höhere Täuschung zu erreichen verzweifelt. Der mag alsdenn hinter jedem Auftritte nach seiner Uhr sehen, ob auch so was in solcher Zeit habe geschehen können, und endlich hinten nach sich herzlich freuen, daß er in der Welt des Dichters in einer halben Stunde durchaus nicht mehr gesehen hat, als im Schneckengange seines Lebens.

Shakespear ist kein Cerimonienmeister, deßen Erste Sorgfalt die gewesen wäre, keine Visite und kein Gespräch auf der Bühne über die Zeit dauren zu lassen: er ist der Schöpfer einer historischen Illusion, die uns mit derselben auch gleichsam ein neues Zeitmaas schaffet. Ich beruffe mich auf Jedermanns Empfindung, ob er hinter Einem Auftritt, bei Veränderung der Scene auch über den Sprung der Zeit je aus Täuschung komme? ob er mit seinem Dichter nicht so willig Eine Reihe von Augenblicken, als Örtern überspringt? ob es jemanden auch nur einkommen könne, bei Shakespears *historischem* Drama eine solche Schuleinheit der Zeit zu fodern? – Wie ein Koloß steht der Dichter da über der Oberfläche der Welt, reißt hie eine Geschichte, dort Eine Weltscene aus ihrem Zusammenhange heraus, bindet sie mit Ort und Zeit in einen neuen Zusammenhang: so wird der Geschichtschreiber Dichter. Shakespear hat also auch den Begebenheiten nach seiner neuen Welt eine neue Zeit geschaffen, und das Gefühl dieser neuen, wenn ich so sagen darf, Shakespear'schen Zeit, ist wie mächtig! Wie in der Natur fängt die Begebenheit auch in seinen Auftritten langsam, stille und gleichsam Mühevoll an; aber wenn die Triebräder in Gang kommen wie laufen die Scenen! Wie mächtig sind oft hingestreuete Worte, die sich in ihrem geschäftigen Gange nur begegnen, und einzelne halbstumme Sylben verlieren! Wie nimmt z. E. im Julius Cäsar die Bewegung des ersten Akts, die Verschwörung, vom ersten mißlichen Anfange zu! Wie langsam die Nachtscene in Brutus Hause, und bedächtlich die Näherung der Auftritte auf Cäsars Mord und schnell und kurz der Mord und zu kurz Brutus Vorstellung darüber und des Antonius seine wie wichtig! Endlich zuletzt wie laufen und brechen die Scenen zu Brutus und Caßius Tode! – Welcher Thor wird vom Geschichtschreiber fodern, daß er sich der Zeit nach der Dauer der Begebenheit bequeme, die er beschreibt; dafür gibt es uns aber die Beschreibung nach dem Maas seiner Zeit, nach den Verhältnißen seines Plans und täuschet. Der größeste Dichter der Geschichte gibt uns dies Maas seiner Zeit noch sinnlicher und stärker: wie weit thörichter aber wäre *an ihn* die Foderung, sich mit diesem verjüngten Maasstabe, der zu Dramatischer Täuschung eingerichtet ist, der historischen Zeit bequemen! Die Foderung ist theils lächerlich, theils ganz außer dem Plane des Dichters. [...]

Laßet uns sehen, wie weit wir sind! Ich glaube, oder wünsche, erwiesen zu haben, daß Shakespears Stücke *alle Geschichten,* und diese mehr oder weniger Tragödie sind, ohne daß das in den Hauptgesichtspunkt einfließe: daß Shakespears Ideal keine Griechische Eine Handlung, sondern Eine historische *Begebenheit* (evenement) sei, die er vor unsern Augen entspringen, fortgehen, und endigen läßet: daß er also durchaus dem Wesen seines Ideals nach, andre Gesetze als die Griechen, habe, und die Veränderung der Scenen und Zeiten ihm so nothwendig und würksam, auch bei ihm so idealisirt sey, als es seine Schilderung der Welt fodert. [...]

Friedrich Schiller: Die Schaubühne als eine moralische Anstalt betrachtet (1784)

aus: Schillers Sämtliche Werke, Säkular-Ausgabe in 16 Bdn., hrsg. von Eduard von der Hellen, Stuttgart/Berlin: J. G. Cottasche Buchhandlung Nachfolger 1904 ff., Bd. 11, S. 91, 95–97, 99 f.

[...] Die Gerichtsbarkeit der Bühne fängt an, wo das Gebiet der weltlichen Gesetze sich endigt. Wenn die Gerechtigkeit für Gold verblindet und im Solde der Laster schwelgt, wenn die Frevel der Mächtigen ihrer Ohnmacht spotten und Menschenfurcht den Arm der Obrigkeit bindet, übernimmt die Schaubühne Schwert und Wage und reißt die Laster vor einen schrecklichen Richterstuhl. Das ganze Reich der Phantasie und Geschichte, Vergangenheit und Zukunft stehen ihrem Wink zu Gebot. Kühne Verbrecher, die längst schon im Staub vermodern, werden durch den allmächtigen Ruf der Dichtkunst jetzt vorgeladen und wiederholen zum schauervollen Unterricht der Nachwelt ein schändliches Leben. Ohnmächtig, gleich den Schatten in einem Hohlspiegel, wandeln die Schrecken ihres Jahrhunderts vor unsern Augen vorbei, und mit wollüstigem Entsetzen verfluchen wir ihr Gedächtnis. Wenn keine Moral mehr gelehrt wird, keine Religion mehr Glauben findet, wenn kein Gesetz mehr vorhanden ist, wird uns Medea noch anschauern, wenn sie die Treppen des Palastes herunter wankt und der Kindermord jetzt geschehen ist. Heilsame Schauer werden die Menschheit ergreifen, und in der Stille wird jeder sein gutes Gewissen preisen, wenn Lady Macbeth, eine schreckliche Nachtwandlerin, ihre Hände wäscht und alle Wohlgerüche Arabiens herbeiruft, den häßlichen Mordgeruch zu vertilgen. So gewiß sichtbare Darstellung mächtiger wirkt als toter Buchstab und kalte Erzählung, so gewiß wirkt die Schaubühne tiefer und dauernder als Moral und Gesetze. [...]

Nicht bloß auf Menschen und Menschencharakter, auch auf Schicksale macht uns die Schaubühne aufmerksam und lehrt uns die große Kunst, sie zu ertragen. Im Gewebe unsers Lebens spielen *Zufall* und *Plan* eine gleich große Rolle; den letztern lenken *wir,* dem erstern müssen wir uns blind unterwerfen. Gewinn genug, wenn unausbleibliche Verhängnisse uns nicht ganz ohne Fassung finden, wenn unser Mut, unsre Klugheit sich einst schon in ähnlichen übten und unser Herz zu dem Schlag sich gehärtet hat. Die Schaubühne führt uns eine mannigfaltige Szene menschlicher Leiden vor. Sie zieht uns künstlich in fremde Bedrängnisse und belohnt uns das augenblickliche Leiden mit wollüstigen Tränen und einem herrlichen Zuwachs an Mut und Erfahrung. Mit ihr folgen wir der verlassenen Ariadne durch das widerhallende Naxos, steigen mit ihr in den Hungerturm Ugolinos hinunter, betreten mit ihr das entsetzliche Blutgerüste und behorchen mit ihr die feierliche Stunde des Todes. Hier hören wir, was unsre Seele in leisen Ahnungen fühlte, die überraschte Natur laut und unwidersprechlich bekräftigen. Im Gewölbe des Towers verläßt den betrogenen Liebling die Gunst seiner Königin. – Jetzt, da er sterben soll, entfliegt dem geängstigten Moor seine treulose sophistische Weisheit. Die Ewigkeit entläßt einen Toten, Geheimnisse zu offenbaren, die kein Lebendiger wissen kann, und der sichere Bösewicht verliert seinen letzten gräßlichen Hinterhalt, weil auch Gräber noch ausplaudern.

Aber nicht genug, daß uns die Bühne mit Schicksalen der Menschheit bekannt macht, sie lehrt uns auch gerechter gegen den Unglücklichen sein und nachsichtsvoller über ihn richten. Dann nur, wenn wir die Tiefe seiner Bedrängnisse ausmessen, dürfen wir das Urteil über ihn aussprechen. Kein Verbrechen ist schändender als das Verbrechen des Diebs – aber mischen wir nicht alle eine Träne des Mitleids in unsern Verdammungsspruch, wenn wir uns in den schrecklichen Drang verlieren, worin Eduard Ruhberg die Tat vollbringt? – Selbstmord wird allgemein als Frevel verabscheut; wenn aber, bestürmt von den Drohungen eines wütenden Vaters, bestürmt von Liebe, von der Vorstellung schrecklicher Klostermauern, Mariane den Gift trinkt, wer von uns will der erste sein, der über dem beweinenswürdigen Schlachtopfer einer verruchten Maxime den Stab bricht? – Menschlichkeit und Duldung fangen an, der herrschende Geist unsrer Zeit zu werden; ihre Strahlen sind bis in die Gerichtssäle und noch weiter –

in das Herz unsrer Fürsten gedrungen. Wie viel Anteil an diesem göttlichen Werk gehört unsern Bühnen? Sind *sie* es nicht, die den Menschen mit dem Menschen bekannt machten und das geheime Räderwerk aufdeckten, nach welchem er handelt?

Eine merkwürdige Klasse von Menschen hat Ursache, dankbarer als alle übrigen gegen die Bühne zu sein. Hier nur hören die Großen der Welt, was sie nie oder selten hören — Wahrheit; was sie nie oder selten sehen, sehen sie hier — den Menschen.

So groß und vielfach ist das Verdienst der bessern Bühne um die sittliche Bildung; kein geringeres gebührt ihr um die ganze Aufklärung des Verstandes. Eben hier in dieser höhern Sphäre weiß der große Kopf, der feurige Patriot sie erst ganz zu gebrauchen.

Er wirft einen Blick durch das Menschengeschlecht, vergleicht Völker mit Völkern, Jahrhunderte mit Jahrhunderten und findet, wie sklavisch die größere Masse des Volks an Ketten des Vorurteils und der Meinung gefangen liegt, die seiner Glückseligkeit ewig entgegenarbeiten — daß die reinern Strahlen der Wahrheit nur wenige *einzelne* Köpfe beleuchten, welche den kleinen Gewinn vielleicht mit dem Aufwand eines ganzen Lebens erkauften. Wodurch kann der weise Gesetzgeber die Nation derselben teilhaftig machen? [...]

Die menschliche Natur erträgt es nicht, ununterbrochen und ewig auf der Folter der Geschäfte zu liegen; die Reize der Sinne sterben mit ihrer Befriedigung. Der Mensch, überladen von tierischem Genuß, der langen Anstrengung müde, vom ewigen Triebe nach Tätigkeit gequält, dürstet nach bessern auserlesenern Vergnügungen, oder stürzt zügellos in wilde Zerstreuungen, die seinen Hinfall beschleunigen und die Ruhe der Gesellschaft zerstören. Bacchantische Freuden, verderbliches Spiel, tausend Rasereien, die der Müßiggang aushegt, sind unvermeidlich, wenn der Gesetzgeber diesen Hang des Volks nicht zu lenken weiß. Der Mann von Geschäften ist in Gefahr, ein Leben, das er dem Staat so großmütig hinopferte, mit dem unseligen Spleen abzubüßen — der Gelehrte zum dumpfen Pedanten herabzusinken — der Pöbel zum Tier. Die Schaubühne ist die Stiftung, wo sich Vergnügen mit Unterricht, Ruhe mit Anstrengung, Kurzweil mit Bildung gattet, wo keine Kraft der Seele zum Nachteil der andern gespannt, kein Vergnügen auf Unkosten des Ganzen genossen wird. Wenn Gram an dem Herzen nagt, wenn trübe Laune unsre einsamen Stunden vergiftet, wenn uns Welt und Geschäfte anekeln, wenn tausend Lasten unsre Seele drücken und unsre Reizbarkeit unter Arbeiten des Berufs zu ersticken droht, so empfängt uns die Bühne – in dieser künstlichen Welt träumen wir die wirkliche hinweg, wir werden uns selbst wieder gegeben, unsre Empfindung erwacht, heilsame Leidenschaften erschüttern unsre schlummernde Natur und treiben das Blut in frischeren Wallungen. Der Unglückliche weint hier mit fremdem Kummer seinen eigenen aus – der Glückliche wird nüchtern und der Sichere besorgt. Der empfindsame Weichling härtet sich zum Manne, der rohe Unmensch fängt hier zum erstenmal zu empfinden an. Und dann endlich – welch ein Triumph für dich, Natur! – so oft zu Boden getretene, so oft wieder auferstehende Natur! – wenn Menschen aus allen Kreisen und Zonen und Ständen, abgeworfen jede Fessel der Künstelei und der Mode, herausgerissen aus jedem Drange des Schicksals, durch *eine* allwebende Sympathie verbrüdert, in *ein* Geschlecht wieder aufgelöst, ihrer selbst und der Welt vergessen und ihrem himmlischen Ursprung sich nähern. Jeder einzelne genießt die Entzückungen aller, die verstärkt und verschönert aus hundert Augen auf ihn zurückfallen, und seine Brust gibt jetzt nur *einer* Empfindung Raum – Es ist diese: ein *Mensch* zu sein.

Gustav Freytag: Die Technik des Dramas (1863)

aus: Gustav Freytag: Die Technik des Dramas. Unveränderter Nachdruck der 13. Auflage (Leipzig 1922), Darmstadt: Wissenschaftliche Buchgesellschaft 1969, S. 93–94, 102, 170–184

2. Kapitel: *Der Bau des Dramas*

1. Spiel und Gegenspiel

Das Drama stellt in einer Handlung durch Charaktere, vermittelst Wort, Stimme, Gebärde diejenigen Seelenvorgänge dar, welche der Mensch vom Aufleuchten eines Eindruckes bis zu leidenschaftlichem Begehren und zur Tat durchmacht, sowie die inneren Bewegungen, welche durch eigene und fremde Tat aufgeregt werden.

Der Bau des Dramas soll diese beiden Gegensätze des Dramatischen zu einer Einheit verbunden zeigen, Ausströmen und Einströmen der Willenskraft, das Werden der Tat und ihre Reflexe auf die Seele, Satz und Gegensatz, Kampf und Gegenkampf, Steigen und Sinken, Binden und Lösen.

In jeder Stelle des Dramas kommen beide Richtungen des dramatischen Lebens, von denen die eine die andere unablässig fordert, in Spiel und Gegenspiel zur Geltung; aber auch im ganzen wird die Handlung des Dramas und die Gruppierung seiner Charaktere dadurch zweiteilig. Der Inhalt des Dramas ist immer ein Kampf mit starken Seelenbewegungen, welchen der Held gegen widerstrebende Gewalten führt. Und wie der Held ein starkes Leben in gewisser Einseitigkeit und Befangenheit enthalten muß, so muß auch die gegenspielende Gewalt durch menschliche Vertreter sichtbar gemacht werden.

Es ist zunächst gleichgültig, auf welcher Seite der Kämpfenden die höhere Berechtigung liegt, ob Spieler oder Gegenspieler mehr von Sitte, Gesetz, Überlieferung ihrer Zeit und dem Ethos des Dichters enthalten, in beiden Parteien mag Gutes und Schlechtes, Kraft und Schwäche verschieden gemischt sein. Beide aber müssen einen allgemein verständlichen menschlichen Inhalt haben. Und immer muß der Hauptheld sich vor den Gegenspielern kräftig abheben, der Anteil, welchen er für sich gewinnt, muß der größere sein, um so größer, je vollständiger das letzte Ergebnis des Kampfes ihn als Unterliegenden zeigt.

Diese zwei Hauptteile des Dramas sind durch einen Punkt der Handlung, welcher in der Mitte derselben liegt, fest verbunden. Diese Mitte, der Höhepunkt des Dramas, ist die wichtigste Stelle des Aufbaues, bis zu ihm steigt, von ihm ab fällt die Handlung. Es ist nun entscheidend für die Beschaffenheit des Dramas, welche von den beiden Brechungen des dramatischen Lichtes in den ersten, und welche in den zweiten Teil als die vorherrschende gesetzt wird, ob das Ausströmen oder Einströmen, das Spiel oder das Gegenspiel den ersten Teil erhält. Beides ist erlaubt, beide Fügungen des Baues vermögen ihre Berechtigung an Dramen von höchstem Wert nachzuweisen. Und diese beiden Arten ein Drama zu bilden sind charakteristisch geworden für die einzelnen Dichter und die Zeit, in welcher sie lebten. [...]

2. Fünf Teile und drei Stellen des Dramas

Durch die beiden Hälften der Handlung, welche in einem Punkt zusammenschließen, erhält das Drama, — wenn man die Anordnung durch Linien verbildlicht, — einen pyramidalen Bau. Es steigt von der Einleitung mit dem Zutritt des erregenden Moments bis zu dem Höhepunkt, und fällt von da bis zur Katastrophe. Zwischen diesen drei Teilen liegen die Teile der Steigerung und des Falles. Jeder dieser fünf Teile kann aus einer Szene oder aus einer gegliederten Folge von Szenen bestehen, nur der Höhepunkt ist gewöhnlich in einer Hauptszene zusammengefaßt.

Diese Teile des Dramas, a) Einleitung, b) Steigerung, c) Höhepunkt, d) Fall oder Umkehr, e) Katastrophe, haben jeder Besonderes in Zweck und Baurichtung. Zwischen ihnen stehen drei wichtige szenische Wirkungen, durch welche die fünf Teile sowohl geschieden als verbunden werden. Von diesen drei dramatischen Momenten steht eines, welches den Beginn der bewegten Handlung bezeichnet, zwischen Einleitung und Steigerung, das zweite, Beginn der Gegenwirkung, zwischen Höhepunkt und Umkehr, das dritte, welches vor Eintritt der Katastrophe noch einmal zu steigern hat, zwischen Umkehr und Katastrophe. Sie heißen hier: das erregende Moment, das tragische Moment, das Moment der letzten Spannung. Die erste Wirkung ist jedem Drama nötig, die zweite und dritte sind gute, aber nicht unentbehrliche Hilfsmittel. [...]

5. Die fünf Akte

[...]
In dem modernen Drama umschließt, im ganzen betrachtet, jeder Akt einen der fünf Teile des Dramas, der erste enthält die Einleitung, der zweite die Steigerung, der dritte den Höhepunkt, der vierte die Umkehr, der fünfte die Katastrophe. Aber die Notwendigkeit, die großen Teile des Stückes auch in dem äußern Umfang einander gleichartig zu bilden, bewirkte, daß die einzelnen Akte nicht ganz den fünf Hauptteilen der Handlung entsprechen konnten. Von der steigenden Handlung wurde gewöhnlich die erste Stufe noch in den ersten Akt, die letzte zuweilen in den dritten, von der sinkenden Handlung ebenso Beginn und Ende bisweilen in den dritten und fünften Akt genommen und mit den übrigen Bestandteilen dieser Akte zu einem Ganzen gegliedert. — Allerdings hat bereits Shakespeare seine Abteilungen in der Regel so gebildet.

Die Fünfzahl der Akte ist also kein Zufall. Schon die römische Bühne hielt auf sie. Aber erst seit Ausbildung der neueren Bühne bei Franzosen und Deutschen ist ihr gegenwärtiger Bau festgestellt.

Nur nebenbei sei bemerkt, daß die fünf Teile der Handlung bei kleineren Stoffen und kurzer Behandlung sehr wohl ein Zusammenziehen in eine geringere Zahl von Akten vertragen. Immer müssen die drei Momente: Beginn des Kampfes, Höhepunkt und Katastrophe, sich stark voneinander abheben, die Handlung läßt sich dann in drei Akten zusammenfassen. Auch bei der kleinsten Handlung, welche in einem Akte verlaufen kann, sind innerhalb desselben die fünf oder drei Teile erkennbar.

Wie aber jeder Akt seine besondere Bedeutung für das Drama hat, so hat er auch Eigentümlichkeiten im Bau. Sehr groß ist die Zahl der Abänderungen, welche hier möglich sind. Jeder Stoff, jede Dichterpersönlichkeit fordert ihr eigenes Recht. Dennoch lassen sich aus der Mehrzahl der vorhandenen Kunstwerke einige häufig wiederkehrende Gesetze erkennen.

Der Akt der Einleitung erhält in der Regel noch den Anfang der Steigerung, also im ganzen folgende Momente: den einleitenden Akkord, die Szene der Exposition, das aufregende Moment, die erste Szene der Steigerung. Er wird deshalb gern zweiteilig werden und seine Wirkungen auf zwei kleine Höhepunkte sammeln, von denen der letztere der stärker hervorgehobene sein mag. – So ist in Emilia Galotti die Szene des Prinzen am Arbeitstisch der stimmende Akkord, die Unterredung des Prinzen mit dem Maler Exposition; in der Szene mit Marinelli liegt das erregende Moment: die bevorstehende Vermählung der Emilia. Die erste Steigerung aber liegt in der folgenden kleinen Szene des Prinzen, in seinem Entschluß, Emilia bei den Dominikanern zu treffen. [...]

Der Akt der Steigerung hat in unseren Dramen die Aufgabe, die Handlung mit vermehrter Spannung herauf zu führen, dabei die Personen des Gegenspiels, welche im ersten Akt keinen Raum gefunden haben, vorzustellen. Ob er nun eine oder mehrere Stufen der fortschreitenden Bewegung enthalte, der Hörer hat bereits eine Anzahl Eindrücke aufgenommen, deshalb müssen hierin die Kämpfe größer werden, eine Sammlung derselben in ausgeführter Szene, ein guter Aktschluß wird nützlich. In Emilia Galotti z. B. beginnt der Akt, wie fast jeder Akt bei Lessing, wieder mit einer einleitenden Szene, in welcher kurz die Familie Galotti vorgeführt wird, dann die Intriganten des Marinelli ihren Plan darlegen. Dann folgt in zwei Absätzen die Handlung, von denen der erste die Aufregung Emilias nach der Begegnung mit dem Prinzen, der zweite den Besuch Marinellis und seinen Antrag an Appiani enthält. Beide großen Szenen sind durch eine kleinere Situationsszene, welche den Appiani in seinem Verhältnis zu Emilia darstellt, verbunden. Der schön gearbeiteten Szene Marinellis folgt als guter Schluß die empörte Stimmung der Familie. [...]

Der Akt des Höhepunktes hat das Bestreben, seine Momente um eine stark hervortretende Mittelszene zusammenzufassen. Diese wichtigste Szene desselben wird aber, wenn das tragische Moment dazu tritt, mit einer zweiten großen Szene verbunden; in diesem Falle rückt die Gipfelszene wohl in den Anfang des dritten Aktes. In Emilia Galotti ist nach einer einleitenden Szene, in welcher der Prinz die gespannte Situation erklärt, und nach dem erläuternden Bericht über den Überfall der Eintritt Emilias Beginn der Gipfelszene; der Fußfall Emilias und die Erklärung des Prinzen sind der höchste Punkt des Stückes. Daran schließt sich der ausbrechende Zorn der Claudia gegen Marinelli als Übergang zu der sinkenden Handlung. [...]

Der Akt der Umkehr ist von den großen deutschen Dichtern seit Lessing mit besonderer Sorgfalt behandelt worden, und die Wirkungen desselben sind fast immer regelmäßig und in bedeutender Szene zusammengeschlossen. Dagegen ist bei uns Deutschen die Einführung von neuen Rollen im vierten Akt häufiger als bei Shakespeare, welcher den löblichen Brauch hat, seine Gegenspieler schon vorher der Handlung zu verflechten. Ist dies untunlich, so möge man sich doch hüten, durch eine Situationsszene, die das Stück an dieser Stelle schwer erträgt, die Aufmerksamkeit zu zerstreuen. Die Gäste des vierten Aktes müssen rasch und stark in die Handlung eingreifen und durch kräftige Wirksamkeit ihr Erscheinen rechtfertigen. – Der vierte Akt in Emilia Galotti ist zweiteilig. Auf die vorbereitende Unterredung zwischen Marinelli und dem Prinzen tritt der neue Charakter der Orsina als Gehilfin in das Gegenspiel ein. Den Übelstand der neuen Rolle weiß Lessing sehr gut dadurch zu überwinden, daß er der leidenschaftlichen Bewegung dieses bedeutsamen Charakters die Leitung in den folgenden Szenen bis zum Schluß des Aktes übergibt. Auf ihre große Szene mit Marinelli folgt als zeite Stufe des Aktes der Eintritt Odoardos: die hohe Spannung, welche die Handlung dadurch erhält, schließt den Akt wirksam ab. [...]

Der Akt der Katastrophe enthält fast immer noch außer der Schlußhandlung die letzte Stufe der sinkenden Handlung. In Emilia Galotti beginnt wieder ein einleitendes Duett zwischen dem Prinzen und Marinelli die letzte Stufe der sinkenden Handlung, jene große Unterredung zwischen dem Prinzen, Odoardo und Marinelli: Weigerung, dem Vater die Tochter zurückzugeben, dann die Katastrophe: Ermordung der Emilia. [...]

August Strindberg: Anmerkung zum „Traumspiel" (1907)

aus: August Strindberg: Über Drama und Theater, hrsg. von Marianne Kesting und Verner Arpe, Köln: Kiepenheuer & Witsch 1966 (Collection Theater Werkbücher Bd. 6), S. 139–141

Im Anschluß an mein früheres Traumspiel *Nach Damaskus* habe ich in diesem Traumspiel versucht, die unzusammenhängende, aber scheinbar logische Form des Traumes nachzuahmen. Alles kann geschehen, alles ist möglich und wahrscheinlich. Zeit und Raum existieren nicht, vor einem unbedeutenden Wirklichkeitsgrund entfaltet sich die Einbildung und webt neue Muster: ein Gemisch aus Erinnerungen, Erlebnissen, freien Erfindungen, Absurditäten und Improvisationen.

Die Personen spalten sich, verdoppeln sich, sie verflüchtigen und verdichten sich, zerfließen und fügen sich wieder zusammen. Aber ein Bewußtsein steht über allen, das des Träumers. Für ihn gibt es keine Geheimnisse, keine Inkonsequenz, keine Skrupel, kein Gesetz. Er verurteilt nicht, er spricht nicht frei, er berichtet nur. Und da der Traum meistens schmerzlich ist, seltener froh, klingt ein Ton von Wehmut und Mitleid mit allem Lebenden durch die schwankende Erzählung. Der Schlaf, der Befreier, ist oft qualvoll, aber wenn die Qual am schlimmsten ist, kommt das Erwachen und versöhnt den Leidenden mit der Wirklichkeit, die – wie qualvoll sie auch sein mag – in diesem Augenblick doch eine Erleichterung ist, verglichen mit dem quälenden Traum.
[...]
Wer mir während dieser kurzen Stunden auf meinem Schlafwandlerweg folgt, wird vielleicht eine gewisse Ähnlichkeit finden zwischen dem scheinbaren Sammelsurium des Traumes und dem bunten Tuch des unbändigen Lebens – gewebt von der „Weltweberin" mit der „Kette" menschlicher Schicksale und unseren sich kreuzenden Interessen und wechselnden Leidenschaften.

Wer diese Ähnlichkeit entdeckt, darf mit Recht sagen: Vielleicht ist es so. Was die lose, unzusammenhängende Form des Dramas betrifft, so ist auch sie nur scheinbar. Denn bei näherem Betrachten erweist sich die Komposition als ziemlich fest — eine Symphonie, polyphon, hier und da fugiert mit dem immer wiederkehrenden Hauptthema, in allen Tonarten wiederholt und variiert von den mehr als dreißig Stimmen. Keine Soli mit Begleitung, keine Rollen, keine Charaktere oder Karikaturen — wie man sagen müßte —, keine Intrigen, keine Aktschlüsse mit Beifallspausen. — Die Stimmführung wird streng eingehalten, und in der Opferszene des Finales zieht alles Vergangene vorüber, die Themen werden noch einmal zusammengefaßt, so wie es das Leben mit all seinen Einzelheiten in der Todesstunde tun soll — also eine weitere Ähnlichkeit! [...]

August Strindberg: Wege zu vereinfachter Dekoration (1908/09)

aus: August Strindberg: Über Drama und Theater, hrsg. von Marianne Kesting und Verner Arpe, Köln: Kiepenheuer & Witsch 1966 (Collection Theater Werkbücher Bd. 6), S. 164–167

Vor zwanzig Jahren, als ich das Vorwort zu *Fräulein Julie* (1888) schrieb, hatte sich die naturalistische Geschmacksrichtung dem Materialismus der Zeit angepaßt und strebte die Wiedergabe der Wirklichkeit an. Das deutsche Theater ging darin am weitesten mit der Drehbühne, die quasi zur Windmühle der Szene wurde. Auf rotierenden Segmenten baute man drei Bühnenbilder nebeneinander, um den Ablauf der Szenen zu beschleunigen. Um die Jahrhundertwende aber veränderten sich die Gemüter: Die Phantasie erwachte zum Leben, das Metaphysische interessierte mehr als das Materielle, das gesprochene Wort wurde auf der Bühne zur Hauptsache. Nachdem in Berlin die naturalistische Richtung übertrieben worden war, verschwand die Drehbühne ebenso schnell, wie sie gekommen war. [...]

Ich gebe zu, daß man auch im Theater gern Bilder sieht und daß das Auge sich freut, wenn ein Hintergrund erscheint. Aber das paßt nicht überall, und geschieht es auf Kosten des Dramas, dann muß die Dekoration weichen.

Da man bis 1880 mit offenen Kulissen spielte, war die Dekoration leicht zu wechseln. Als man jedoch mit wirklichem Kulissenaufbau begann, verlegte man die Werkstätten auf die Bühne, und die langen Pausen wurden zu einem wahren Verhängnis, das die Zuschauer aus dem Theater trieb. Diese Zwischenakte hingen indessen eng zusammen mit dem Ausschank von Alkohol. Praktischerweise war man nämlich dahintergekommen, daß der Restaurateur die halbe Miete für das Theater aufbringen konnte, wenn man ihm nur genügend lange Zwischenakte garantierte. [...]

Eine eindrucksvolle Inszenierung lieferte Grandinson mit *Nach Damaskus*. Dieses Drama hätte ich nicht auf die Bühne gebracht, ohne [die Dekoration] zu vereinfachen. In streng kontrapunktischer Form komponiert, besteht der erste Teil aus siebzehn Bildern. Da das Drama eine Pilgerwanderung allegorisiert, entwickelt sich die Handlung vorwärts bis zum neunten Bild (im Asyl). Dort kehrt das ausgetriebene Paar um und wandert den ganzen Weg zurück. Deshalb wiederholen sich die Szenen in umgekehrter Reihenfolge, und das Drama endet an der Straßenecke, wo es begonnen hatte. Um einen raschen Szenenwechsel zu ermöglichen, baute man auf der Bühne eine zweite, kleinere, die von einem ungewöhnlich schönen, von Grabow gemalten Bogen umrahmt wurde. Kulissen waren nicht notwendig, wir begnügten uns mit hintereinander aufgehängten Prospekten, die lautlos ausgewechselt werden konnten. Auch ließen wir nicht den Vorhang fallen, sondern verdunkelten die Bühne. [...]

Erwin Piscator: R. R. R. (Revue Roter Rummel)

aus: Erwin Piscator: Das Politische Theater, Schriften, Bd. 1, hrsg. von
Ludwig Hoffmann, Berlin/DDR: Henschel 1968, S. 60–62

R. R. R.

Das heißt: Revue Roter Rummel. Politisch-proletarische Revue. Revolutionäre Revue.

Keine Revue, wie sie damals Haller, Charell und Klein brachten, mit der aus Amerika und Paris importierten Schauform.

Unsere Revuen kamen von einer andern Seite her. Sie hatten ihre Vorläufer in den bunten Abenden, wie ich sie zusammen mit der Internationalen Arbeiterhilfe (I. A. H.) veranstaltet hatte. Das war die positive Herkunft. Zugleich aber traf sich die Form der Revue mit dem Zerfall der bürgerlichen Dramenform. Die Revue kennt keine Einheitlichkeit der Handlung, holt ihre Wirkung aus allen Gebieten, die überhaupt mit dem Theater in Verbindung gebracht werden können, ist entfesselt in ihrer Struktur und besitzt zugleich etwas ungeheuer Naives in der Direktheit ihrer Darbietungen. Auch in „Fahnen" war durch die Auflösung in viele Einzelszenen schon etwas von der „Revue".

Diese Form rein politisch zu verwenden, war seit langem eine Vorstellung von mir, mit einer politischen Revue propagandistische Wirkungen zu erzielen, stärker als mit Stücken, deren schwerfälliger Bau und deren Probleme, zu einem Abgleiten ins Psychologisieren verführend, immer wieder eine Mauer zwischen Bühne und Zuschauerraum aufrichteten. Die Revue gab die Möglichkeit zu einer *„direkten Aktion"* im Theater.

Wie mit Eisenhämmern sollte sie mit jeder ihrer Nummern niederschlagen, nicht nur an einem Beispiel, sondern an Dutzenden dieses Abends ihr Leitmotiv beweisen, ihr: Ceterum censeo, societatem civilem esse delendam! Das Beispiel sollte variiert werden, kein Ausweichen durfte es mehr geben. Darum brauchte man Buntheit. Das Beispiel mußte mit dem Zuschauer zu reden beginnen, es mußte überleiten zu Frage und Antwort, gehäuft werden, — ein Trommelfeuer von Beispielen mußte herangebracht — in die Skala der Zahlen getrieben werden. Tausende erfahren es, du auch! Glaubst du, es gilt nur dem andern? Nein, dir auch! Es ist typisch für diese Gesellschaft, in der du lebst, du entgehst ihm nicht — hier noch eins und noch eins! Und das unter skrupelloser Verwendung aller Möglichkeiten: Musik, Chanson, Akrobatik, Schnellzeichnung, Sport, Projektion, Film, Statistik, Schauspielerszene, Ansprache.

Die Reichstagswahlen von 1924 gaben den Anlaß. Die kommunistische Partei verlangte eine Veranstaltung. [...] Mit *Gasbarra,* den mir die Partei geschickt hatte, wurde der Text zusammengestellt. Wir montierten aus Altem, schrieben Neues hinzu.

Vieles war roh zusammengehauen, der Text völlig unprätentiös, aber das gerade erlaubte bis zum letzten Augenblick die Einschaltung der Aktualität.

Das Pädagogische erfuhr in der „Roten Revue" eine neue Abwandlung ins Szenische. Nichts durfte unklar, zweideutig und somit wirkungslos bleiben, überall mußte die politische Beziehung zum Tage hergestellt werden. Die *„politische Diskussion",* zur Zeit der Wahlen Werkstatt, Fabrik und Straße beherrschend, mußte selbst zum szenischen Element werden. Wir griffen auf die Figuren „compère" und „commère" der alten Operette zurück und verwandelten sie in die Typen des „Prolet" und „Bourgeois", die, durch eine locker gefügte Handlung verbunden, den Ablauf des Ganzen vorwärtstrieben und die einzelnen Bilder interpretierten.

Mit den Projektionen führte ich die bei den „Fahnen" begonnene Linie weiter.

Eine besonders wichtige Aufgabe hatte die Musik. Ich muß sagen, daß wir in Edmund Meisel, der mir bereits bei verschiedenen Veranstaltungen der „Internationalen Arbeiterhilfe" begegnet war, einen Musiker fanden, der begriff, worauf es ankam: auch in der musikalischen Linie nicht nur zu illustrieren und zu untermalen, sondern selbständig und ganz bewußt die politische Linie fortzusetzen. Musik als dramaturgisches Mittel. [...]

Erwin Piscator: Bühne der Gegenwart und Zukunft (1928)

aus: Die Rote Fahne, Berlin am 1. 1. 1928; auch in Erwin Piscator: Aufsätze, Reden, Gespräche, Schriften, Bd. 2, hrsg. von Ludwig Hoffmann, Berlin/DDR: Henschel 1968, S. 32–35

[...]

Das „unpolitische" Theater

Die innere Beziehung zur Zeit, erste Voraussetzung und letztes Ziel des Theaters, bedingt einen ständigen Prozeß der Wandlung seines materiellen und ideologischen Inhalts. So war das Theater nicht nur stets Ausdruck seiner Zeit, sondern in entscheidenden Situationen auch ihr Motor und Former. Aber die Zeit selbst war ja nie ein metaphysisches, nicht meßbares, schicksalbestimmtes Gebilde, *sondern ein Produkt der Klassenkämpfe* innerhalb der jeweiligen Gesellschaft. Das feudale Theater des Hofes, das bürgerliche Theater des liberalen Individualismus – waren sie unpolitisch? Oder vielleicht gar das Theater der Griechen, das für die Massen eine Stätte des Götterkults und der Heldenverehrung war, ebenso „unpolitisch" wie die Festspiele zu Ehren katholischer Heiliger und von Gott auserwählter Monarchen? Tendenzlos war das Theater nie, aber es gibt Epochen, in denen es die Interessen der herrschenden Klassen verlangen, daß die Tendenz mehr oder minder kaschiert werde, andere Epochen, in denen die herrschende Klasse innerlich so zerfallen, ihrer selbst so unsicher ist, daß sie in die „Tendenzlosigkeit" eines stumpfen Amüsements flüchtet. Das unpolitische Theater ist die sehr politische Forderung einer Zeit, welche alle Machtpositionen dem so gefährlichen Bereich der großen sozialen Auseinandersetzungen entrücken will.
[...]

Tendenz und Idee

Die reine Kunst, der das Theater angeblich ausschließlich zu dienen berufen ist, soll das Recht haben, Ideen zu gestalten, keineswegs aber eine Tendenz zu propagieren. Ganz abgesehen von der Frage, wo heute eine solche absolute Dichtung zu finden ist – gewiß doch nicht auf den Theatern Europas, die ihren Bedarf an reiner Kunst mit den Pariser und Londoner Ehebruchskomödien und Kriminalsketches decken – abgesehen von der Frage, woher diese reine Dichtung das Recht ableiten kann, für wichtiger genommen zu werden als die Lebensmöglichkeiten und die brennendsten Existenzfragen von Millionen Menschen, kann man die Bitte aussprechen, jene wahrhaft große Bühnendichtung zu nennen, die tendenzlos ist. Ein Drama ist eben kein lyrisches Gedicht, es bezieht seine Wirkung und Bedeutung nicht aus den bloßen Projektionen von Gefühlen, Stimmungen, Meinungen, sondern aus der Gestaltung des Kampfes von Ideenträgern, dessen Ausgang die Tendenz des Dramas bildet. Die Phrase von der „Kunst um der Kunst willen" entwürdigt das Drama zu einer formal-artistischen Spielerei. Der Stoff, die geistigen und menschlichen Inhalte des Dramas sind wesentliche Voraussetzungen seiner Lebensnähe und damit seiner Existenz überhaupt. Nun ist es klar, daß die dichterische Bewältigung neuer Inhalte, ihre Umprägung in eine neue künstlerische Form, das Ergebnis eines mühevollen Prozesses ist, dem der schaffende Künstler als Glied der sozialen Gemeinschaft unterworfen ist. Dieser Prozeß setzt die innere Verarbeitung der neuen Probleme und Ideen durch den Dichter, gleichzeitig aber die Durchtränkung des gesamten sozialen Organismus mit ihnen, voraus. Das Fehlen einer großen, diese Zeit und ihre Kräfte und Probleme voll ausdrückenden Dichtung ist kein Zufall, sondern die Folge der Kompliziertheit, Zerrissenheit, Unfertigkeit der Gegenwart. Wir können diese Tatsachen nicht ableugnen, ebensowenig aber aus ihnen die Verpflichtung ableiten, das Theater zu schließen und seine Pforten erst der kommenden großen Dichtung zu öffnen oder gar in die Vergangenheit zu flüchten, um lediglich den Dramen vergangener Epochen Tribüne zu sein, bloß deshalb, weil sie ihre Zeit und ihre Probleme reiner, dichterischer zu gestalten vermochten, als dies den Werken der zeitgenössischen Dramatiker im Hinblick auf die Gegenwart gelingt. Im Gegenteil: indem wir den Problemen und Fragen unserer Zeit Sprachrohr und Forum sind, entfesseln wir die Ströme, die neue Lebensstoffe in den Organismus der Gesellschaft tragen, ihn mit neuen Inhalten befruchten, so die beste Vorarbeit für die neue Dichtung leistend.

Regie

Die soziale Basis einer Institution kann nicht erschwindelt, sie muß erobert und behauptet werden. Die Leere oder Rückständigkeit eines Bühnenwerkes durch Konzessionen in der äußeren Form, durch geistreiche Experimente verbergen zu wollen, muß heute schneller als je unmittelbar zu einem vernichtenden Fiasko führen. [. . .] Damit erledigt sich auch die kindische Auffassung, als mache etwa die Verbindung von Bühne und Film oder eine gewisse Technik das Wesen des politischen Theaters aus. Nur wenn diese Mittel nicht um ihrer selbst willen, als interessanter Aufputz verwendet werden, sondern aus einer bestimmten weltanschaulichen Idee heraus, die zu ihrer Manifestierung der Verbreiterung und Vertiefung jedes Einzelschicksals ins Kollektive verlangt, durch die Einbeziehung der ganzen Umwelt die Sprengung der verengenden Guckkastenbühne erzwingt — nur dann vermögen diese Mittel den Absichten der Inszenierung gerecht zu werden. Alles andere bleibt artistischer Bluff, der sich schon dadurch erledigt, daß ihn jeder durch einfache Kopie zu diskreditieren vermag. Das gleiche gilt von der dramaturgischen Bearbeitung des Bühnenwerkes, des klassischen oder des modernen. Das bewegende Prinzip des Regisseurs kann nicht aus einem zufälligen Einfall gewonnen werden, sondern ist die Frucht einer Idee, als deren Vollstrecker sich der Regisseur fühlt, die ihm die Richtung seines Weges diktiert und die Gesichtspunkte aufzwingt, unter denen er das Werk sieht, sehen *muß*.

[. . .]

Bertolt Brecht: [Kritik der „Poetik" des Aristoteles]

aus: Bertolt Brecht: Gesammelte Werke in 20 Bdn., Frankfurt/M.: Suhrkamp 1967 (werkausgabe edition suhrkamp), Bd. 15, S. 240–242

1

Der Ausdruck „nichtaristotelische Dramatik" bedarf der Erläuterung. Als aristotelische Dramatik, von der sich abgrenzend eine nichtaristotelische sich definieren will, wird da alle Dramatik bezeichnet, auf welche die aristotelische Definition der Tragödie in der „Poetik" in dem, was wir für ihren Hauptpunkt halten, paßt. Die bekannte Forderung der drei Einheiten betrachten wir nicht als diesen Hauptpunkt, sie wird vom Aristoteles auch gar nicht erhoben, wie die neuere Forschung festgestellt hat. Uns erscheint von größtem gesellschaftlichen Interesse, was Aristoteles der Tragödie als Zweck setzt, nämlich die *Katharsis,* die Reinigung des Zuschauers von Furcht und Mitleid durch die Nachahmung von furcht- und mitleiderregenden Handlungen. Diese Reinigung erfolgt auf Grund eines eigentümlichen psychischen Aktes, der *Einfühlung* des Zuschauers in die handelnden Personen, die von den Schauspielern nachgeahmt werden. Wir bezeichnen eine Dramatik als aristotelisch, wenn diese Einfühlung von ihr herbeigeführt wird, ganz gleichgültig, ob unter Benutzung der vom Aristoteles dafür angeführten Regeln oder ohne deren Benutzung. Der eigentümliche psychische Akt der Einfühlung wird im Laufe der Jahrhunderte auf ganz verschiedene Art vollzogen.

2 Kritik der „Poetik"

Solange der Aristoteles (im vierten Kapitel der „Poetik") ganz allgemein über die Freude an der nachahmenden Darstellung spricht und als Grund dafür das Lernen nennt, gehen wir mit ihm. Aber schon im sechsten Kapitel wird er bestimmter und begrenzt für die Tragödie das Feld der Nachahmung. Es sollen nur die furcht- und mitleiderregenden Handlungen nachgeahmt werden, und es ist eine weitere Begrenzung, daß sie zum Zweck der Auflösung von Furcht und Mitleid nachgeahmt werden sollen. Es wird ersichtlich, daß die Nachahmung handelnder Menschen durch die Schauspieler eine Nachahmung der Schauspieler durch die Zuschauer auslösen soll; die Art der Entgegennahme des Kunstwerks ist die Einfühlung in den Schauspieler und über ihn in die Stückfigur.

3 Einfühlung beim Aristoteles

Nicht daß wir beim Aristoteles als Art der Entgegennahme des Kunstwerks durch den Zuschauer die Einfühlung finden, die heute als Einfühlung in das Individuum des Hochkapitalismus vorkommt. Dennoch haben wir bei den Griechen, was immer wir uns unter der Katharsis, die unter uns so fremden Umständen vor sich ging, vorstellen mögen, als deren Basis irgendeine Art von Einfühlung zu vermuten. Eine völlig freie, kritische, auf rein irdische Lösungen von Schwierigkeiten bedachte Haltung des Zuschauers ist keine Basis für eine Katharsis.

4 Verzicht auf Einfühlung nur zeitweilig?

Man kann leicht annehmen, daß der Verzicht auf die Einfühlung, dem näherzutreten die Dramatik unserer Zeit sich gezwungen sah, ein durchaus zeitweiliger Akt sei, resultierend aus der schwierigen Lage der Dramatik des Hochkapitalismus — muß sie doch ihre Darstellungen menschlichen Zusammenlebens einem Publikum abliefern, das in allerschärfstem Klassenkampf liegt, und darf sie doch nichts tun, denselben zu beschwichtigen. Die Zeitweiligkeit eines solchen Verzichts wäre nichts, was gegen ihn spricht, jedenfalls nicht in unseren Augen. Jedoch spricht nicht viel dafür, daß die Einfühlung ihren alten Platz wieder erhält, sowenig wie die Religiosität, von der sie eine Form ist. Sie verdankt ihre Abfaulung sicherlich der allgemeineren Fäulnis unserer Gesellschaftsordnung, jedoch besteht kein Grund für sie, dieselbe zu überleben.

Bertolt Brecht: Über experimentelles Theater (1939)

aus: Bertolt Brecht: Gesammelte Werke, Bd. 15, S. 300-303

[...] Die Einfühlung ist das große Kunstmittel einer Epoche, in der der Mensch die Variable, seine Umwelt die Konstante ist. Einfühlen kann man sich nur in den Menschen, der seines Schicksals Sterne in der eigenen Brust trägt, ungleich uns.

Es ist nicht schwer, einzusehen, daß das Aufgeben der Einfühlung für das Theater eine riesige Entscheidung, vielleicht das größte aller denkbaren Experimente bedeuten würde.

Die Menschen gehen ins Theater, um mitgerissen, gebannt, beeindruckt, erhoben, entsetzt, ergriffen, gespannt, befreit, zerstreut, erlöst, in Schwung gebracht, aus ihrer eigenen Zeit entführt, mit Illusionen versehen zu werden. All dies ist so selbstverständlich, daß die Kunst geradezu damit definiert wird, daß sie befreit, mitreißt, erhebt und so weiter. Sie ist gar keine Kunst, wenn sie das nicht tut.

Die Frage lautete also: Ist Kunstgenuß überhaupt möglich ohne Einfühlung oder jedenfalls auf einer andern Basis als der Einfühlung?

Was konnte eine solche neue Basis abgeben?

Was konnte an die Stelle von *Furcht und Mitleid* gesetzt werden, des klassischen Zwiegespanns zur Herbeiführung der aristotelischen Katharsis? Wenn man auf die Hypnose verzichtete, an was konnte man appellieren? Welche Haltung sollte der Zuhörer einnehmen in den neuen Theatern, wenn ihm die traumbefangene, passive, in das Schicksal ergebene Haltung verwehrt wurde? Er sollte nicht mehr aus seiner Welt in die Welt der Kunst entführt, nicht mehr gekidnappt werden; im Gegenteil sollte er in seine reale Welt eingeführt werden, mit wachen Sinnen. War es möglich, etwa anstelle der Furcht vor dem Schicksal die Wissensbegierde zu setzen, anstelle des Mitleids die Hilfsbereitschaft? Konnte man damit einen neuen Kontakt schaffen zwischen Bühne und Zuschauer, konnte das eine neue Basis für den Kunstgenuß abgeben?

Ich kann die neue Technik des Dramenbaus, des Bühnenbaus und der Schauspielweise, mit der wir Versuche anstellten, hier nicht beschreiben. Das Prinzip besteht darin, anstelle der Einfühlung die *Verfremdung* herbeizuführen.

Was ist Verfremdung?

Einen Vorgang oder einen Charakter verfremden heißt zunächst einfach, dem Vorgang oder dem Charakter das Selbstverständliche, Bekannte, Einleuchtende zu nehmen und über ihn Staunen und Neugierde zu erzeugen. Nehmen wir wieder den Zorn des Lear über die Undankbarkeit seiner Töchter. Vermittels der Einfühlungstechnik kann der Schauspieler diesen Zorn so darstellen, daß der Zuschauer ihn für die natürlichste Sache der Welt ansieht, daß er sich gar nicht vorstellen kann, wie Lear nicht zornig werden könnte, daß er mit Lear völlig solidarisch ist, ganz und gar mit ihm mitfühlt, selber in Zorn verfällt. Vermittels der Verfremdungstechnik hingegen stellt der Schauspieler diesen Learschen Zorn so dar, daß der Zuschauer über ihn staunen kann, daß er sich noch andere Reaktionen des Lear vorstellen kann als gerade die des Zornes. Die Haltung des Lear wird verfremdet, das heißt, sie wird als eigentümlich, auffallend, bemerkenswert dargestellt, als gesellschaftliches Phänomen, das nicht selbstverständlich ist. Dieser Zorn ist menschlich, aber nicht allgemein menschlich, es gibt Menschen, die ihn nicht empfänden. Nicht bei allen Menschen und nicht zu allen Zeiten müssen die Erfahrungen, die Lear macht, Zorn auslösen. Zorn mag eine ewig mögliche Reaktion der Menschen sein, aber dieser Zorn, der Zorn, der sich so äußert und seine solche Ursache hat, ist zeitgebunden. Verfremden heißt also Historisieren, heißt Vorgänge und Personen als historisch, also als vergänglich darstellen. Dasselbe kann natürlich auch mit Zeitgenossen geschehen, auch ihre Haltungen können als zeitgebunden, historisch, vergänglich dargestellt werden.

Was ist damit gewonnen? Damit ist gewonnen, daß der Zuschauer die Menschen auf der Bühne nicht mehr als ganz unänderbare, unbeeinflußbare, ihrem Schicksal hilflos ausgelieferte dargestellt sieht. Er sieht: dieser Mensch ist so und so, weil die Verhältnisse so und so sind. Und die Verhältnisse sind so und so, weil der Mensch so und so ist. Er ist aber nicht nur so vorstellbar, wie er ist, sondern auch anders, so wie er sein könnte, und auch die Verhältnisse sind anders vorstellbar, als sie sind. Damit ist gewonnen, daß der Zuschauer im Theater eine neue Haltung bekommt. Er bekommt den Abbildern der Menschenwelt auf der Bühne gegenüber jetzt dieselbe Haltung, die er als Mensch dieses Jahrhunderts der Natur gegenüber hat. Er wird auch im Theater empfangen als der große Änderer, der in die Naturprozesse und die gesellschaftlichen Prozesse einzugreifen vermag, der die Welt nicht mehr nur hinnimmt, sondern sie meistert. Das Theater versucht nicht mehr, ihn besoffen zu machen, ihn mit Illusionen auszustatten, ihn die Welt vergessen zu machen, ihn mit seinem Schicksal auszusöhnen. Das Theater legt ihm nunmehr die Welt vor zum Zugriff. [...]

Bertolt Brecht: [Vierter] Nachtrag zur Theorie des „Messingkaufs" (1940)

aus: Bertolt Brecht: Gesammelte Werke, Bd. 16, S. 655–657; auch in Brechts Arbeitsjournal, Bd. 1: 1938–1942, hrsg. von Werner Hecht, Frankfurt/M.: Suhrkamp 1973, S. 140 f.

1

Bei der aristotelischen Stückkomposition mit der dazugehörigen Spielweise (die beiden Begriffe sind eventuell umzustellen) wird die Täuschung des Zuschauers über die Art und Weise, wie die Vorgänge auf der Bühne sich im wirklichen Leben abspielen und dort zustande kommen, dadurch gefördert, daß der Vortrag der Fabel ein absolutes Ganzes bildet. Die Details können nicht einzeln mit ihren korrespondierenden Teilen im wirklichen Leben konfrontiert werden. Man darf nichts „aus dem Zusammenhang reißen", um es etwa in den Zusammenhang der Wirklichkeit zu bringen. Das wird durch die verfremdende Spielweise abgestellt. Die Fortführung der Fabel ist hier diskontinuierlich, das einheitliche Ganze besteht aus selbständigen Teilen, die jeweils sofort mit den korrespondierenden Teilvorgängen in der Wirklichkeit konfrontiert werden können, ja müssen. Ständig zieht diese Spielweise alle Kraft aus dem Vergleich mit der Wirklichkeit, das heißt, sie lenkt das Auge ständig auf die Kausalität der abgebildeten Vorgänge.

2

Um den V-Effekt zu setzen, muß der Schauspieler die *restlose Verwandlung* in die Bühnenfigur aufgeben. Er *zeigt* die Figur, er *zitiert* den Text, er *wiederholt* einen wirklichen Vorgang. Der Zuschauer wird nicht völlig „in Bann gezogen", seelisch nicht gleichgeschaltet, nicht in eine fatalistische Stimmung dem vorgeführten Schicksal gegenüber gebracht. (Er kann Zorn empfinden, wo die Bühnenfigur Freude empfindet und so weiter. Es ist ihm freigestellt, mitunter sogar nahegelegt, sich einen andern Verlauf vorzustellen oder einen andern Verlauf zu suchen und so weiter.) Die Vorgänge werden *historisiert* und sozial *milieurisiert*. (Das erstere findet natürlich vor allem bei Vorgängen der Gegenwart statt: Was ist, war nicht immer und wird nicht immer sein. Das zweite stellt ständig die momentane Gesellschaftsordnung in Frage und zur Diskussion.) Die Setzung des V-Effekts ist eine Technik, die in den Grundzügen gelehrt wird.

3

Um Gesetzlichkeiten festzustellen, muß man die natürlichen Vorgänge sozusagen verwundert aufnehmen, das heißt, man muß ihre „Selbstverständlichkeit" auflösen, um zu ihrem Verständnis zu gelangen. Um die Gesetzlichkeit beim Fall eines geschleuderten Körpers ausfindig zu machen, muß man für ihn in der Phantasie noch andere Möglichkeiten setzen; unter den gedachten Möglichkeiten ist die natürliche, tatsächliche dann die richtige, und die gedachten anderen Möglichkeiten stellen sich als Unmöglichkeiten heraus. Das Theater, das mit seinem V-Effekt eine solche staunende, erfinderische und kritische Haltung des Zuschauers bewirkt, ist, indem es eine Haltung bewirkt, die auch in den Wissenschaften eingenommen werden muß, noch kein wissenschaftliches Institut. Es ist lediglich ein Theater des wissenschaftlichen Zeitalters. Es verwendet die Haltung, die sein Zuschauer im Leben einnimmt, für das Theatererlebnis. Anders ausgedrückt: Die Einfühlung ist nicht die einzige, der Kunst zur Verfügung stehende Quelle der Gefühle.

4

Im Begriffskreis des aristotelischen Theaters wäre die beschriebene Spielweise nur eine Stilangelegenheit. Sie ist viel mehr. Jedoch verliert das Theater mit ihr keineswegs seine alten Funktionen der *Unterhaltung* und *Belehrung,* sondern erneuert sie geradezu. Die Darstellung wird wieder eine völlig natürliche. Sie kann die verschiedenen Stile aufweisen. Die Beschäftigung mit der Wirklichkeit setzt die Phantasie erst in den rechten genußvollen Gang. Heiterheit und Ernst leben in der Kritik auf, die eine schöpferische ist. Im ganzen handelt es sich um eine Säkularisierung der alten kultischen Institution.

Arbeitsvorschläge

1. Wie begründet Aristoteles die Hervorbringung der Dichtung und zu welchem Zweck geschieht sie? Erläutern Sie die zentralen Begriffe der *Poetik* des Aristoteles (s. Dokumentation S. 111 ff. und Literaturhinweise).

2. Woraus ergibt sich die Bedeutsamkeit der Tragödie für das antike Theater? Klären Sie die Begriffe *Furcht, Mitleid* und *Katharsis* (s. S. 11 ff. und die Dokumentation).

3. Charakterisieren Sie die Wirkungsintention der antiken Tragödie am Beispiel der *Orestie* des Aischylos; vergleichen Sie verschiedene Interpretationsvorgaben (s. S. 17 ff. und Literaturhinweise: A. Kuckhoff, G. Thomson. – Ferner E. Frenzel: Stoffe der Weltliteratur, Stuttgart 1963; W. H. Friedrich: Vorbild und Neugestaltung. Sechs Kapitel zur Geschichte der Tragödie, Göttingen 1967; Wege zu Aischylos, Bd. II. Die einzelnen Dramen, hrsg. v. H. Hommel, Stuttgart 1974).

4. Zur Problematik der Kontinuität bzw. Gültigkeit des poetologischen Kanons:
   a) Charakterisieren Sie Lessings Aristoteles-Rezeption in Beziehung zur Entwicklung seiner eigenen Mitleidstheorie (s. S. 32 ff. und die Dokumentation S. 129 ff. sowie P. Szondi: Die Theorie des bürgerlichen Trauerspiels im 18. Jahrhundert, Frankfurt/M. 1973 – oder Westberliner Projekt: Grundkurs 18. Jahrhundert, (Analysen-Band), hrsg. v. G. Mattenklott u. K. Scherpe, Kronberg/Ts. 1974).
   b) Erläutern Sie Brechts Begriffspaar „Wissensbegierde (Neugierde)" und „Hilfsbereitschaft" auf dem Hintergrund seiner Aristoteles-Kritik (s. S. 53 ff. und die Dokumentation S. 161 ff.).
   c) Ist es möglich, die beiden Abschnitte „2. Das bürgerliche Trauerspiel" (S. 24 ff.) und „3. Das epische Theater" (S. 40 ff.) als Beispiele der Aristoteles-Rezeptionsgeschichte zu bezeichnen? Versuchen Sie eine ausführliche Begründung zu geben.

5. Was versteht die Aufklärung unter dem Begriff *Empfindsamkeit?* Erarbeiten Sie dessen Bestimmungsmerkmale unter Hinzuziehung des Reclam-Bändchens: Empfindsamkeit. Theoretische Schriften und kritische Texte, hrsg. v. W. Doktor u. G. Sauder, Stuttgart 1976 bzw. G. Sauder: Empfindsamkeit, Bd. 1 Voraussetzungen und Elemente, Stuttgart 1974.

6. Was berechtigt (oder berechtigt nicht) dazu, Lessings theoretisches wie dramatisches Werk im Zusammenhang mit der Aufstiegsphase des Bürgertums zu interpretieren?
   a) Bestimmen Sie Lessings Stellung im *Briefwechsel über das Trauerspiel* (s. S. 32 ff. und die Dokumentation S. 129 ff.) und in der *Hamburgischen Dramaturgie.*
   b) Wie bestimmt sich das Verhältnis von Lessings *Miß Sara Sampson* bzw. *Emilia Galotti* zum Theorem vom bürgerlichen Trauerspiel?
   c) Überprüfen Sie das dramatische Personal in *Miß Sara Sampson* bzw. *Emilia Galotti* mit dem Ziel der Charakterisierung seines Anteils bei der Gestaltung der Empfindsamkeit (s. S. 32 ff.).

7. Welche Funktion wird dem Drama und der Bühne von Gottsched, Lessing und Schiller (s. Dokumentation S. 121 ff., 129 ff. und 142 ff.) zugeschrieben? Charakterisieren Sie Übereinstimmungen und Abweichungen in ihren programmatischen Äußerungen. Welche Position nehmen dabei Gottsched und Lessing gegenüber der sog. *Ständeklausel* (vgl. Opitz, Dokumentation S. 139 f.) ein?

8. Vergleichen Sie im Hinblick auf ihren jeweiligen Aussagewert die rein formale, textinterne Charakterisierung von Lessings *Emilia Galotti* bei G. Freytag (Dokumentation S. 148 ff.) mit sozialhistorischen Erklärungsversuchen (s. S. 32 ff. und Lothar Schwabs Interpretation in Jan Berg u.a.: Von Lessing bis Kroetz, Kronberg/Ts. 1975, S. 11 ff.).

9. Piscator und Brecht beabsichtigen eine Neuorganisierung des Verhältnisses Bühne/Publikum. Bestimmen Sie das Gemeinsame bzw. den Unterschied in beider Konzeption (s. S. 43 ff. und die Dokumentation S. 156 ff.).

10. Erläutern Sie die zentralen Begriffe des *epischen Theaters* (s. S. 40 ff. und die Dokumentation S. 161 ff.).

11. Charakterisieren Sie den Unterschied zwischen *epischem* und *aristotelischem* Theater (s. S. 47 ff. und 99 ff. sowie die Dokumentation S. 161 ff.).

12. Zur Realisierung des *epischen Theaters* werden von Brecht bestimmte (neue bzw. neu eingesetzte alte) *dramaturgische Mittel* (vgl. S. 99 ff.) benutzt. So verwendet er beispielsweise in der Fassung von 1932 von *Die Ausnahme und die Regel* (in: alternative 107, April 1976) wie in dem Stück *Die Maßnahme* das Mittel des Chors. Wie erklären Sie diese Wiederaufnahme des Chors? Bestimmen Sie dessen Stellenwert und Funktion im Vergleich zum Chor des antiken Dramas.

13. Zu Beginn des Stücks *Die heilige Johanna der Schlachthöfe* erklärt die Titelfigur: „Das Unglück kommt wie der Regen, den keiner machet und der doch kommt." Erweist sich dieses Stück nicht doch — auch gegen den Willen Brechts — als dramatische Gestaltung des Tragischen?
   a) Vergleichen Sie verschiedene Versuche zur Bestimmung des Tragischen in dem Band: Tragik und Tragödie, hrsg. v. V. Sander, Stuttgart 1971 (bes. S. 237 ff., 381 ff., 429 ff.).
   b) Der Begriff des Entwicklungs- bzw. Bildungsromans bezeichnet eine Literatur (vor allem des 19. Jahrhunderts), die Ausbildung und Entfaltung eines bürgerlichen Individuums zum bewußten Mitglied der bestehenden Gesellschaft zum Gegenstand hat. Wie würden Sie — in Analogie (oder im Gegensatz) zum Entwicklungsroman — die Geschichte der *heiligen Johanna* kennzeichnen?
   c) Brecht rechnet *Die heilige Johanna* zum Dramentyp des nichtaristotelischen Theaters. Ein anderer Dramentyp ist das sog. Lehrstück. Charakterisieren Sie die Hauptmerkmale des Lehrstücks (s. Brechts Modell der Lehrstücke, hrsg. v. R. Steinweg, Frankfurt/M. 1976).

14. Bereits Horaz (Dokumentation S. 117 f.) unterscheidet im Drama zwischen *vorgeführter* und nur *berichteter* Handlung. Aus welchen Gründen gibt er letzterer in bestimmten Fällen den Vorzug? Sind es moralische, ästhetische oder bühnentechnische Erwägungen? — Charakterisieren Sie die beiden wichtigsten Formen des *Berichts* im Drama (S. 107 f.) in ihrem Zeitmodus zur Bühnenhandlung.

15. Woraus erklärt sich die Forderung der *drei Einheiten* (S. 81 ff.)? Weshalb plädiert Gottsched (S. 127 f.) für ihre strikte Beachtung? Vgl. dessen Argumentation mit der Corneilles und Racines (in: F. R. Hausmann u.a.: Französische Poetiken. Teil I. Stuttgart 1975, S. 133 ff.). Mit welchen Begründungen wird die Einheiten-Forderung von Lessing und Herder (S. 133 f. und 138 ff.) zurückgewiesen? — Welche Charakterisierung und Bewertung erfahren in diesem Zusammenhang das Drama der französischen Klassik und das Shakespeares (spez. das Stück *Julius Cäsar*) bei Gottsched, Lessing und Herder?

16. Gewöhnlich verbindet man mit dem *analytischen Drama* (S. 62 ff.) die Vorstellung vom geschlossenen Drama (Einheit der Handlung, des Ortes und der Zeit). Trifft dies auf die ‚Prozeß'-Stücke *Die Ermittlung* von Peter Weiss und *In der Sache J. Robert Oppenheimer* von Heinar Kipphardt zu oder nicht? Inwieweit liegen die Ursachen hierfür in der Stoff-Vorlage, inwieweit in der Darstellungsabsicht und -art der Autoren? Sind Momente von ‚Episierung' (S. 99 ff.) feststellbar?

17. Worin unterscheiden sich Dramen- und Bühnenkonzeption des antiken griechischen, klassizistischen französischen und elisabethanischen englischen Theaters? (Vgl. S. 69 ff. und 85 ff.). — Verdeutlichen Sie sich dies näher durch die Lektüre jeweils eines Stückes aus diesen Theaterepochen (z.B. *König Ödipus* von Sophokles, *Phädra* von Racine, *König Heinrich IV.* von Shakespeare).

18. Die Rezeption der tragédie classique und des Dramas Shakespeares in der deutschen Dramatik führte u.a. zur Ausprägung von divergierenden Stiltypen, dem Drama der *geschlossenen* und der *offenen Form.* Benennen Sie deren unterschiedliche Stilmerkmale nach der Charakterisierung in diesem Band (S. 88 ff.) und der bei M. Pfister: Das Drama, München 1977, S. 318 ff.
— Überprüfen Sie die von Klotz konstatierten Stiltendenzen an Goethes *Iphigenie auf Tauris* oder *Torquato Tasso* und an Lenz' *Die Soldaten* oder Büchners *Woyzeck.* (Lesen Sie dazu die diese Stücke betreffenden Textpartien in V. Klotz' Buch: Die geschlossene und offene Form im Drama. Ermittlung über das Register bei Klotz.)

19. Läßt sich der Formwandel in der neueren Dramatik auch sozialhistorisch begründen und erklären? Setzen Sie sich mit folgenden Untersuchungen näher auseinander: P. Szondi: Die Theorie des modernen Dramas; H. Schlaffer: Dramenform und Klassenstruktur (vgl. Literaturhinweise).

20. Verdeutlichen Sie sich den (S. 87 f.) skizzierten und bei Szondi charakterisierten historischen Formwandel des Dramas in der kontrastiven Erarbeitung der Texte von Freytag, Strindberg und Piscator (Dokumentation S. 146 ff.). Welche Gründe sind daraus zu entnehmen (stoffbedingte, thematische, bühnentechnische, soziologische etc.)? Inwieweit sind die Veränderung der gesellschaftlichen Situation und der ideologische Standort der Autoren aus ihren dramaturgischen Äußerungen zu ermitteln? Vergleichen Sie unter diesem Aspekt die jeweilige Anlage der dramatischen Figuren und des dramatischen Konflikts.

Literaturhinweise

Die folgenden Literaturangaben verstehen sich als Auswahlbibliographie. Aufgeführt sind vor allem neuere Arbeiten zur Geschichte und Poetik des Dramas, daneben auch Darstellungen der Theatergeschichte und Textsammlungen zur Theorie des Dramas. Weitere Titel verzeichnen u. a. die unten genannten Publikationen von W. Keller und M. Pfister.

Aristoteles: Poetik. Übersetzung, Einleitung und Anmerkungen von Olof Gigon. Stuttgart 1961 (Reclams Universal-Bibliothek 2337).
Arntzen, Helmut: Literatur im Zeitalter der Information. Aufsätze, Essays, Glossen. Frankfurt/M. 1971 (bes. XVIII: Die Komödie als dramatische Intention. Aristophanes – Shakespeare – Molière; XIV: Komödie und episches Theater).
Balcerzan, Edward u. Zbigniew Osiński: Die theatralische Schaustellung im Lichte der Informationstheorie. In: W. Kroll u. A. Flaker (Hrsg.): Literaturtheoretische Modelle und kommunikatives System. Kronberg/Ts. 1974, S. 371–411.
Bauer, Gerhard: Zur Poetik des Dialogs. Leistung und Formen der Gesprächsführung in der neueren deutschen Literatur. Darmstadt 1969.
Benjamin, Walter: Ursprung des deutschen Trauerspiels. Berlin 1928. Neuauflage Frankfurt/M. 1972 (suhrkamp taschenbuch 69).
Bentley, Eric: Das lebendige Drama. Eine elementare Dramaturgie. Velber 1967.
Berg, Jan, Günther Erken, Uta Ganschow u. a.: Von Lessing bis Kroetz. Einführung in die Dramenanalyse. Kursmodelle und sozialgeschichtliche Materialien für den Unterricht. Kronberg/Ts. 1975 (= Scriptor Taschenbücher s 54).
Berthold, Margot: Weltgeschichte des Theaters. Stuttgart 1968.
Bickert, Hans Günther: Studien zum Problem der Exposition im Drama der tektonischen Bauform. Terminologie – Funktionen – Gestaltung. Marburg 1969.
Brecht, Bertolt: Schriften zum Theater. Bd. 15, 16, 17. In: Gesammelte Werke in 20 Bänden. Frankfurt/M. 1967.
Cube, Felix von, und Waltraud Reichert: Das Drama als Forschungsobjekt der Kybernetik. In: Mathematik und Dichtung. Hrsg. von Helmut Kreuzer zusammen mit Rul Gunzenhäuser. München 1965, S. 333–345.
Dietrich, Margret: Europäische Dramaturgie. Der Wandel ihres Menschenbildes von der Antike bis zur Goethezeit. Wien 1952.
–: Europäische Dramaturgie im 19. Jahrhundert. Graz/Wien/Köln 1961, 2. Aufl. 1967.
Fiebach, Joachim: Von Craig bis Brecht. Studien zu Künstlertheorien in der ersten Hälfte des 20. Jahrhunderts. Berlin/DDR 1975.
Fontius, Martin: Zur Ästhetik des bürgerlichen Dramas. In: Französische Aufklärung. Bürgerliche Emanzipation, Literatur und Bewußtseinsbildung. Hrsg. von Winfried Schröder. Leipzig 1974.
Franzen, Erich: Formen des modernen Dramas. Von der Illusionsbühne zum Antitheater. München 1961.
Freytag, Gustav: Die Technik des Dramas. Leipzig 1863 (13. Auflage 1922, unveränderter Nachdruck: Darmstadt 1969. Im Anhang: Wilhelm Dilthey: Die Technik des Dramas, S. 317–350).

Fuhrmann, Manfred: Einführung in die antike Dichtungstheorie. Darmstadt 1973.
Gascoigne, Bamber: Illustrierte Weltgeschichte des Theaters. München und Wien 1971.
Geiger, Heinz: Widerstand und Mitschuld. Zum deutschen Drama von Brecht bis Weiss. Düsseldorf 1973.
—: Bauelemente szenisch-theatralischer Texte. In: Heinz Ludwig Arnold u. Volker Sinemus (Hrsg.): Grundzüge der Literatur- und Sprachwissenschaft. Bd. 1. München 1973, S. 242–257.
George, David E. R.: Deutsche Tragödientheorien vom Mittelalter bis zu Lessing. Texte und Kommentare. München 1972.
Grimm, Reinhold (Hrsg.): Episches Theater. Köln und Berlin 1966. 2. Aufl. 1970. (Neue Wissenschaftl. Bibliothek 15)
— (Hrsg.): Deutsche Dramentheorien. Beiträge zu einer historischen Poetik des Dramas in Deutschland. Band 1 und 2. Frankfurt/M. 1971.
—: Drama im Übergang: Pyramide und Karussell. In: Strukturen. Essays zur deutschen Literatur. Göttingen 1963. S. 8–43. Ferner in: Werner Keller (Hrsg.): Beiträge zur Poetik des Dramas. Darmstadt 1976.
Gröning, Karl u. Werner Kließ: Friedrichs Theaterlexikon. Hrsg. von Henning Rischbieter. Velber 1969.
Haarmann, Hermann: Theater und Geschichte. Zur Theorie des Theaters als gesellschaftlicher Praxis. Gießen 1974 (= Argumentationen 15).
Haida, Peter: Komödie um 1900. Wandlungen des Gattungsschemas von Hauptmann bis Sternheim. München 1973.
Hamburger, Käte: Die Logik der Dichtung. Stuttgart 1957 (2. Aufl. 1968), bes. S. 154–176: Die dramatische Fiktion.
Hammer, Klaus (Hrsg.): Dramaturgische Schriften des 18. Jahrhunderts. Bd. 1: Dokumente. Berlin/DDR 1968.
Hauser, Arnold: Sozialgeschichte der Kunst und Literatur. 2 Bde. München 1953, Becksche einbändige Sonderausgabe München 1972.
Hausmann, Frank-Rutger, Elisabeth Gräfin Mandelsloh u. Hans Staub (Hrsg.): Französische Poetiken, Teil I. Texte zur Dichtungstheorie vom 16. bis zum Beginn des 19. Jahrhunderts. Stuttgart 1975 (Reclams Universal-Bibliothek 9789).
Hein, Norbert: Ansatz zur strukturellen Dramenanalyse. In: Walter A. Koch (Hrsg.): Textsemiotik und strukturelle Rezeptionstheorie. Hildesheim u. New York 1976, S. 119–213.
Hilzinger, Klaus Harro: Die Dramaturgie des dokumentarischen Theaters. Tübingen 1976.
Hinck, Walter: Von der Parabel zum Straßentheater. Notizen zum Drama der Gegenwart. In: Gestaltungsgeschichte und Gesellschaftsgeschichte. Hrsg. von Helmut Kreuzer zusammen mit Käte Hamburger. Stuttgart 1969, S. 583–603. Wiederabdruck in: Poesie und Politik. Hrsg. von Wolfgang Kuttenkeuler. Stuttgart 1973, S. 69–90.
Hintze, Joachim: Das Raumproblem im modernen deutschen Drama und Theater. Marburg 1969.
Horaz: Ars Poetica / Die Dichtkunst. Lateinisch und deutsch. Übersetzt und mit einem Nachwort herausgegeben von Eckart Schäfer. Stuttgart 1972 (Reclams Universal-Bibliothek 9421).
Hürlimann, Martin (Hrsg.): Das Atlantisbuch des Theaters. Zürich u. Freiburg i. Br. 1966.
Ide, Heinz u. Bodo Lecke (Hrsg.): Projekt Deutschunterricht 7. Literatur der Klassik I – Dramenanalysen. Stuttgart 1974.

Ingarden, Roman: Das literarische Kunstwerk. Mit einem Anhang: Von den Funktionen der Sprache im Theaterschauspiel. Tübingen 1960, 3. Aufl. 1965.
Jens, Walter (Hrsg.): Die Bauformen der griechischen Tragödie. München 1971.
Kayser, Wolfgang: Das sprachliche Kunstwerk. Bern und München 1948, 13. Aufl. 1968 (bes. S. 170–176, 196–200, 366–387).
Keller, Werner (Hrsg.): Beiträge zur Poetik des Dramas. Darmstadt 1976.
Kesteren, Aloysius van u. Herta Schmid (Hrsg.): Moderne Dramentheorie. Kronberg/Ts. 1975.
Kindermann, Heinz: Theatergeschichte Europas. 9 Bde. Salzburg 1957 ff.
Klotz, Volker: Geschlossene und offene Form im Drama. München 1960, 7. Aufl. 1975.
–: Bühnen-Briefe. Kritiken und Essays zum Theater. Davor eine Abhandlung über Briefszenen in Schauspiel und Oper. Frankfurt/M. 1972, bes. S. 3–51.
–: Dramaturgie des Publikums. München 1976.
Kommerell, Max: Lessing und Aristoteles. Untersuchungen über die Theorie der Tragödie. Frankfurt/M. 1940, 2. Aufl. 1957.
Kreuzer, Helmut und Peter Seibert (Hrsg.): Deutsche Dramaturgie der Sechziger Jahre. Tübingen 1974.
Kuckhoff, Arnim G.: Das Drama der Antike (Die Tragödie). In: Schriften zur Theaterwissenschaft, Bd. II, hrsg. von der Theaterhochschule Leipzig. Berlin/DDR 1960.
Lefèvre, Eckard (Hrsg.): Der Einfluß Senecas auf das europäische Drama. Darmstadt 1978.
Lessing, Gotthold Ephraim: Hamburgische Dramaturgie. Kritisch durchgesehene Gesamtausgabe mit Einleitung und Kommentar von Otto Mann. Stuttgart 1963 (Kröner Taschenausgabe 267).
Link, Jürgen: Literaturwissenschaftliche Grundbegriffe. Eine programmierte Einführung auf strukturalistischer Basis. München 1974.
Lukács, Georg: Zur Soziologie des modernen Dramas. In: G. L.: Schriften zur Literatursoziologie. Hrsg. von Peter Ludz. Neuwied 1961, S. 261–295.
Mann, Otto: Poetik der Tragödie. Bern 1958.
Martino, Alberto: Geschichte der dramatischen Theorien in Deutschland im 18. Jahrhundert. Bd. 1: Die Dramaturgie der Aufklärung 1730–1780. Tübingen 1972.
Mathes, Jürg (Hrsg.): Die Entwicklung des bürgerlichen Dramas im 18. Jahrhundert. Tübingen 1974 (Textsammlung).
Melchinger, Siegfried: Das Theater der Antike. Aischylos, Sophokles, Euripides auf der Bühne ihrer Zeit. München 1974.
Mennemeier, Franz Norbert: Modernes Deutsches Drama. Kritiken und Charakteristiken. Bd. 1. München 1973; Bd. 2. München 1975 (UTB 135 u. 425).
Mittenzwei, Werner: Gestaltung und Gestalten im modernen Drama. Berlin u. Weimar 1965, 2. Aufl. 1969.
Müller-Seidel, Walter: Dramatische Gattungen. In: Das Fischer Lexikon. Literatur 2, 1 (hrsg. von W.-H. Friedrich und W. Killy). Frankfurt/M. 1965, S. 162–184.
Münz, Rudolf: Vom Wesen des Dramas. Umrisse einer Theater- und Dramentheorie. Halle (Saale) 1963.
Natew, Athanas: Das Dramatische und das Drama. Velber 1971.

Naumann, Walter: Die Dramen Shakespeares. Darmstadt 1978.
Neudecker, Norbert: Der ‚Weg' als strukturbildendes Element im Drama. Meisenheim 1972.
Pagnini, Marcello: Versuch einer Semiotik des klassischen Theaters. In: Volker Kapp (Hrsg.): Aspekte objektiver Literaturwissenschaft. Die italienische Literaturwissenschaft zwischen Formalismus, Strukturalismus und Semiotik. Heidelberg 1973. S. 84–100.
Perger, Arnulf: Grundlagen der Dramaturgie. Graz u. Köln 1952.
Pfister, Manfred: Das Drama. Theorie und Analyse. München 1977.
Piscator, Erwin: Schriften 1 und 2. Hrsg. von Ludwig Hoffmann. Berlin/DDR 1968.
Pütz, Peter: Die Zeit im Drama. Zur Technik dramatischer Spannung. Göttingen 1970.
Rapp, Uri: Handeln und Zuschauen. Untersuchungen über den theatersoziologischen Aspekt in der menschlichen Interaktion. Neuwied 1973.
Rilla, Paul: Lessing und sein Zeitalter. München 1973.
Schabert, Ina (Hrsg.): Shakespeare-Handbuch. Die Zeit – der Mensch – das Werk – die Nachwelt. Stuttgart 1972.
Schadewaldt, Wolfgang: Antike und Gegenwart. Über die Tragödie. München 1966 (dtv 342).
Schanze, Helmut: Drama im bürgerlichen Realismus (1850–1890). Theorie und Praxis. Frankfurt/M. 1973.
Schlaffer, Hannelore: Dramenform und Klassenstruktur. Eine Analyse der dramatis persona „Volk". Stuttgart 1972.
Schnetz, Diemut: Der moderne Einakter. Eine poetologische Untersuchung. Bern u. München 1967.
Schöne, Albrecht: Emblematik und Drama im Zeitalter des Barock. München 1964, 2. Aufl. 1968.
Schrimpf, Hans Joachim: Lessing und Brecht. Von der Aufklärung auf dem Theater. Pfullingen 1965 (opuscula 19)
Schuberth, Otto: Das Bühnenbild. Geschichte, Gestalt und Technik. München 1955.
Schultheis, Werner: Dramatisierung von Vorgeschichte. Beitrag zur Dramaturgie des deutschen klassischen Dramas. Assen 1971.
Schwarz, Hans-Günther: Das stumme Zeichen. Der symbolische Gebrauch von Requisiten. Bonn 1974.
Steiner, Jakob: Die Bühnenanweisung. Göttingen 1969.
Steinweg, Reiner: Das Lehrstück. Brechts Theorie einer politisch-ästhetischen Erziehung. Stuttgart 1972.
Strindberg, August: Über Drama und Theater. Hrsg. von Marianne Kesting und Verner Arpe. Köln 1966.
Szondi, Peter: Theorie des modernen Dramas. Frankfurt/M. 1956, 7. Aufl. 1970 (edition suhrkamp 27).
–: Die Theorie des bürgerlichen Trauerspiels im 18. Jahrhundert. Frankfurt/M. 1973 (suhrkamp taschenbuch wissenschaft 15).
Szyrocki, Marion (Hrsg.): Poetik des Barock. Stuttgart 1977 (Reclams Universal-Bibliothek 9854).
Theile, Wolfgang (Hrsg.): Racine. Darmstadt 1976.
Thomson, George: Aischylos und Athen. Eine Untersuchung der gesellschaftlichen Ursprünge des Dramas. Berlin/DDR 1957.
Tomberg, Friedrich: Mimesis der Praxis und abstrakte Kunst. Ein Versuch über die Mimesistheorie. Neuwied und Berlin 1968.
Unruh, Walther: Theatertechnik. Berlin und Bielefeld 1969.

Viviani, Annelisa: Das Drama des Expressionismus. Kommentar einer Epoche. München 1970.
Watzlawick, Paul; Janet B. Heavin und Don D. Jackson: Menschliche Kommunikation. Formen, Störungen, Paradoxien. Bern 1969 (bes. 5. Kap.: Kommunikationsstrukturen im Theaterstück „Wer hat Angst vor Virginia Woolf?").
Weber, Peter: Das Menschenbild des bürgerlichen Trauerspiels. Entstehung und Funktion von Lessings „Miß Sara Sampson". 2. Aufl. Berlin/DDR 1976.
Weber, Richard: Proletarisches Theater und revolutionäre Arbeiterbewegung. 1918–25. Köln 1976.
Weimann, Robert: Shakespeare und die Tradition des Volkstheaters. Soziologie, Dramaturgie, Gestaltung. Berlin/DDR 1967. 2. Aufl. 1975. Darmstadt 1977.
Wierlacher, Alois: Das bürgerliche Drama. Seine theoretische Begründung im 18. Jahrhundert. München 1968.
Wiese, Benno von (Hrsg.): Deutsche Dramaturgie vom Barock bis zur Klassik. Tübingen 1956. 3. Aufl. 1967.
– (Hrsg.): Deutsche Dramaturgie des 19. Jahrhunderts. Tübingen 1969.
– (Hrsg.): Deutsche Dramaturgie vom Naturalismus bis zur Gegenwart. Tübingen 1970.
Willenberg, Heiner (Hrsg.): Kommunikationspsychologie und Literatur. Theorien und Beispiele. Frankfurt/M. 1976. (Kommunikation/Sprache. Materialien für den Kurs- und Projektunterricht – Diesterweg 6258).
Ziegler, Klaus: Stiltypen des deutschen Dramas im 19. Jahrhundert. In: Hans Steffen (Hrsg.): Formkräfte der deutschen Dichtung vom Barock bis zur Gegenwart. Göttingen 1963, S. 141–164 (Kleine Vandenhoeck-Reihe S. 1).
–: Das deutsche Drama der Neuzeit. In: Wolfgang Stammler (Hrsg.): Deutsche Philologie im Aufriß. Bd. 2. 2. Aufl. Berlin 1960, Sp. 1997–2398.
Zobel, Reinhard: Der Dramentext – Ein kommunikatives Handlungsspiel. Rezeptionsanalytische Untersuchung der Bedeutung eines Dramentextes in spezifischen Kommunikationssituationen. Göppingen 1975 (Göppinger Arbeiten zur Germanistik 151).

Register

I. Personen

Addison, J. 29
Adorno, Th. W. 25
Aischylos 17, 19, 71, 112
Anouilh, J. 12, 63
Aristophanes 111
Aristoteles 11, 14, 15, 21 ff., 34, 46, 53, 57, 64 f., 81 f., 85, 111, 119, 127, 131, 134 ff., 138 f., 161 f.
Arrabal, F. 99

Barner, W. 37
Beckett, S. 7, 59, 67, 99
Benjamin, W. 24
Bickert, G. 106
Brecht, B. 8 f., 41, 43 ff., 53, 59, 80 f., 91 f., 98 ff., 161, 163, 166
Brooks, P. 9
Büchner, G. 87, 92

Castelvetro, L. 82
Corneille, P. 29, 81 ff.
Credé, C. 43

Dacier, A. 136
Deschamps, F.-M.-Ch. 29
Diderot, D. 59
Dürrenmatt, Fr. 84

Ekhof, C. 28
Enzensberger, H. M. 62
Eschenburg, J. J. 87

Freytag, G. 65 f., 98, 146

Goering, R. 84
Goethe, J. W. 66, 87, 90, 107, 109
Gottsched, J. Ch. 27 ff., 84, 121, 127
Grabbe, Chr. D. 87
Grimm, R. 97 ff.

Hacks, P. 9
Hamburger, K. 12, 57, 82 f.
Handke, P. 59
Hauptmann, G. 66, 80
Hegel, G. W. Fr. 16
Heinsius, D. 119

Herder, J. G. 84, 138
Hochhuth, R. 62
Horaz 66, 85, 117

Ibsen, H. 63, 80, 97
Ionesco, E. 67

Kipphardt, H. 62
Kleist, H. 62
Klotz, V. 84, 89 ff., 97
Kroetz, F. X. 59

Lenz, J. M. R. 87, 92, 95, 97
Lessing, G. E. 8, 25, 29, 31 f., 34 ff., 38 f., 60, 84, 97, 129, 133, 150
Lukács, G. 26, 60

Marx, K. 41
Mattenklott, G. 35
Mendelssohn, M. 34, 129, 130
Müller, H. 9

Nicolai, F. 34, 129

O'Neill, E. 63
Opitz, M. 85, 119

Perger, A. 84
Pfister, M. 58, 69 f., 77
Piscator, E. 8, 43, f., 81, 156, 158
Plato 58
Pütz, P. 63 f., 104 ff.

Racine, J. 29, 81 f., 85

Sartre, J. P. 12, 63, 84
Scaliger, J. C. 82
Scherpe, K. 35
Schiller, F. 142
Schnitzler, A. 67, 98
Scholz, W. 12
Seneca 66, 86
Shakespeare, W. 61, 69 f., 86 f., 107, 127, 138 ff., 148, 150
Sidney, Ph. 82
Sophokles 61, 111 f., 138
Strindberg, A. 80, 87 f., 92, 152, 154
Szondi, P. 67 f., 97

179

Tomberg, Fr. 22

Voltaire 8
Vostell, W. 9

Wedekind, F. 87
Weimann, R. 77
Weiss, P. 62
Wekwerth, M. 60
Wieland, Chr. M. 87
Wilder, Th. 58, 67
Wolf, Fr. 46

Ziegler, K. 96 f.
Zuckmayer, C. 64

II. Sachen

Adel 26 f., 32, 34, 36, 40
Akt(einteilung) 65 ff., 92, 95, 104, 107, 109, 148 ff.
Anagnorisis (Entdeckung) 64, 105, 115
Analysis 106
Antagonist 91
Ästhetik 16
  Rezeptionsästhetik 8
  Wirkungsästhetik 35
atektonisch 86 f., 94 f., 97, 101
Auftritt 68 ff.
Aufzug 68, 117

Beiseitesprechen 104
Belehrung 45, 168
Bewunderung 129 f., 130, 132
Bewußtsein 12 f., 32, 40, 152
  Klassenbewußtsein 26, 31
Botenbericht 107 f.
Brief 107
Bühne 7 f., 10, 19, 24, 29, 43, 52, 54 f., 117, 139, 142 ff., 154 f., 160, 163 ff.
  Drehbühne 98, 154
  griech. Orchestrabühne 69, 71 ff., 82, 160
  Guckkastenbühne 68, 77 ff., 82
  Shakespearebühne 69, 76 f.
Bürgertum 25 ff., 30 ff., 34, 36, 40 f.

Chaos 14, 16
Charakter(e) 111, 113 f., 115 f., 119, 153, 164

Chor 16, 20, 71, 82, 101, 105, 112, 117, 133 f., 138 f.
Codes 58
Commedia dell'arte 59

Dekoration 76, 80, 154 f.
  gesprochene Dekoration 76, 83
Dialog 10, 58 f., 60, 63, 85 f., 92, 94 ff., 97, 106
Drama
  analytisches Drama 62, 63, 64, 106
  Entdeckungsdrama 62
  Entscheidungsdrama 61
  expressionist. Drama 68, 87
  Konfliktdrama 61, 64 f.
  Monodrama 59
  naturalist. Drama 80, 102, 108, 154
  Stationendrama 87
  Zieldrama 61
Dramatik 8 ff., 20, 29 f., 44, 47, 49, 161 f.
Dramaturgie
  soziologische 8, 44
  drei Einheiten 81 ff., 127 f., 133 f., 138 ff., 161

Einfühlung 40, 49, 53, 81, 101, 161 ff., 167
Einfühlungstechnik 41 f.
Einfühlungstheater 53
Empfindsamkeit 33 f.
Enthüllungstechnik (analytische) 63
Epeisodia 69, 82
Epik 10, 57 f.
Epilog 101 f.
Episierung 58, 88, 99 ff.
  epische/erzählerische Mittel 88, 101
  Erzähler(figur) 58, 88, 101 f.
Eudaimonie 22
Exposition 106, 149
Expressionismus 68, 87

Fabel (plot) 30, 55, 99 f., 121, 127 f., 166
Feudalismus 25 f.
  Feudalabsolutismus 31
Figuren 85, 88, 92, 97, 101, 104, 138, 157, 166
  Figurenkette 104
  Nebenfiguren 86, 90, 93
Fiktion (dramatische) 57, 81, 83, 100
Film 63, 156, 160
Furcht 20, 22 f., 34 f., 38 f., 54, 113, 115, 134 ff., 143, 161 ff.

Gesellschaft 18, 24, 36, 40 ff., 47, 158, 160
  bürgerliche G. 41 f.
Gesellschaftsordnung 162
Gesellschaftsstruktur 17
Übergangsgesellschaft 9
geschlossene Form (Drama) 85, 89 ff.

Handlung 57, 58, 60 ff., 85 f., 89 f., 90, 95, 97, 101, 104, 113 f., 139, 156 f.
  berichtete Handlung 107, 111, 113, 117
  vorgeführte Handlung 107
  verdeckte Handlung 71, 82, 107, 109
  nachgeholte Dramenhandlung 105, 107
historisieren 164, 166 f.

Identifikation 39 f., 48, 101
Illusion 8, 39 f., 68, 76, 80 f., 83, 139 f., 163, 165
  Illusionsbühne 68
  Illusionstheater 8, 40, 102
Inszenierung 9, 155, 160

Kapitalismus 25, 41 f., 162
Katharsis 23, 32, 38, 40, 54, 64, 113, 161 ff.
Komödie 21, 30, 111 ff., 119 f., 131
komplementäre Stränge 92, 96
Konflikt 10, 58, 60 f., 64
Kosmos 14, 16, 24
Kreisstruktur 98 f.
Kulissen 77, 154
  Wortkulisse 77
Kunst 12, 21, 23 f., 41 f., 48, 54, 130, 138, 158 f., 163
  griech. K. 15, 23
Kurzszenentechnik 76

Laster 32 f., 37, 121, 125 f., 137, 142
liaison des scènes 85
Living Theatre 9

Matriarchat 17
metaphorische Verklammerung 92, 96
Mimesis (Nachahmung) 21 ff., 28, 57, 111 ff., 121, 123, 161 f.

Mitleid(en) 22 f., 30, 34 f., 38 f., 54, 113, 115, 121, 129 ff., 143, 152, 161 ff.
Monolog 68, 91, 102, 104, 106
Mythos 15, 17 f., 113 ff.

Nachahmung (Mimesis) 21 ff., 28, 57, 111 ff., 121, 123, 161 f.
Natur 14 f., 21 f., 25, 28, 111, 121, 123, 165
Naturalismus 102 f.
  naturalistisch 80, 102, 108
Neugierde 50, 54, 164
Nummern 156

offene Form (Drama) 86 ff., 89, 92 ff., 95, 101, 104, 106

Pantomime 59
Parabelcharakter 102
Paradoi 71
Patriarchat 17
Peripetie (Umkehr) 64 f., 114 f.
Personen 63, 85 f., 90 f., 93, 97, 104 f., 119, 138, 149, 152
  Personenkette 85, 89
Polis 14 ff., 21 ff.
Projektion 88, 156
Prolog 101 f., 104, 106
Prospekt 155
Protagonist 91
Prozeß(stück) 62, 63
Publikum 10 f., 16, 19, 23, 29, 35, 45, 52, 76, 162
Publikumsanrede(n) 102, 104
pyramidaler Bau 65 f., 85, 92, 98, 147

Rampe 77
Raum (Ort) 89 f., 93, 97, 104, 152
Realismus 55, 97, 102 f.
  realistisch 94, 96 f., 102
Regelpolitik 27
Reihungstechnik 99
Requisiten 105
Revue 43, 156
Rückblende 63, 107
Rückgriffe 105 ff.

Schicksal 20, 160, 163 ff.
Schrecken 20, 30, 121, 129 ff., 134
Simultanvorgang 89

181

Song 88, 101 f., 105
Spiel/Gegenspiel 65, 91, 146
Spielzeit – gespielte Zeit 89
Sprache 13, 85 f., 90 ff., 112 f., 119 f., 138
  hoher Stil 91, 96
  Hypotaxe 91 f., 94
  Parataxe 94
  Prosa 86, 97
  Rededuell 91 f., 94
  spontanes Sprechen (Merkmale) 94
  Vers 85 f., 91, 97
Ständeklausel 85 ff.
Stasima 69, 82
Stationentechnik 88, 92
Steggreifspiel 59
Stichomythie 91
Sukzession 104, 109
Szenarium 59
Szene 68 ff., 70, 89, 95 f., 99, 104, 107, 109, 156

Teichoskopie (Mauerschau) 107 f.
tektonisch 85, 87, 94 ff.
Tendenz 158 f.
Theater 7 f., 9, 12, 15 ff., 24, 27, 29 ff., 34 f., 39 ff., 43 ff., 47, 53, 138 f., 154, 156, 158 f., 163, 165, 167 f.
  absurdes Th. 56, 99
  antikes (attisches/griech.) Th. 16, 19, 24, 83, 158
  aristotelisches (nicht-aristotelisches) Th. 29, 47, 53, 168
  bürgerliches Th. 27 ff., 31, 34, 41, 48, 158
  Dokumentartheater 62
  elisabethanisches Th. 69, 76 f., 83
  episches Th. 7, 40, 45 ff., 50, 53 ff., 88, 100 f., 103
  höfisch-klassizistisches Th. 7
  Illusionstheater 8, 40, 102
  politisches Th. 8, 158, 160

Theatergeschichte 8
Theatergeschichtsschreibung 9
Theaterwissenschaft 7
Tragödie 11, 16, 20 ff., 27 ff., 34 f., 38, 111 ff., 116, 119, 121 f., 126 ff., 136 f., 141, 161
  antike (griechische) T. 11, 16, 20, 24, 56, 64, 69, 86, 128, 138
  französische T. 7, 30
Trauerspiel 121 f., 124 f., 127, 129, 131, 133
  bürgerliches T. 7 f., 24, 29, 38, 56
Traum(spiel) 88, 104, 152
Tugend 32, 34, 37, 117, 121, 124 ff., 130 f., 136 f.
Typen 157

Unterhaltung 45, 168

Variation 67, 96, 153, 156
Verfremdung (V-Effekt) 54, 102, 164, 166 f.
‚Vertraute' 90
'vierte Wand' 77, 80
Vorgeschichte 105 ff.
  nachgeholte V. 105, 106 f.
Vorgriffe 104 f.
Vorhang 68, 76 f., 78, 81, 85, 128, 155
  Zwischenv. 81
Vorspiel 101 f.

Wahrscheinlichkeit 102, 121, 127 f., 138

Zeit 83, 89 f., 93, 97, 104, 152
  Zeitsprung 83, 90
zentrales Ich 92, 95 f., 96
Zuschauer 7 f., 20, 23 f., 28, 34, 36, 40, 45 ff., 50, 52 f., 80, 82, 101, 121 f., 128, 154, 156, 161 ff.
Zuschauerraum 71, 76, 80
Zwischenakt 154

Grundkurs Literaturgeschichte

EINFÜHRUNG IN DIE DEUTSCHE LITERATUR DES 20. JAHRHUNDERTS

Erhard Schütz / Jochen Vogt
unter Mitarbeit von Karl W. Bauer, Heinz Geiger, Hermann Haarmann, Manfred Jäger

Band 1: Kaiserreich

1977. 264 Seiten. Folieneinband

Einführung und Überblick: Literatur zwischen Kunstautonomie und Massenkultur / Naturalismus / Gerhard Hauptmann / Heimatkunstbewegung / Hermann Hesse / Hugo von Hofmannsthal / Rainer Maria Rilke / Stefan George / Frank Wedekind / Carl Sternheim / Arthur Schnitzler / Thomas Mann / Heinrich Mann / Unterhaltungsliteratur I: Eugenie Marlitt / Unterhaltungsliteratur II: Karl May / Arbeiterliteratur I: Proletarisches Theater / Arbeiterliteratur II: Proletarische Autobiografie und Lyrik / Expressionismus.

Erhard Schütz / Jochen Vogt
unter Mitarbeit von Karl W. Bauer, Horst Belke, Manfred Dutschke, Heinz Geiger, Hermann Haarmann, Manfred Jäger, Heinz-Günter Masthoff, Florian Vaßen

Band 2: Weimarer Republik, Faschismus und Exil

1978. 332 Seiten. Folieneinband

Einführung und Überblick: Literatur im Zeitalter der Medienkonkurrenz / Heinrich Mann I / Thomas Mann I / Kriegsprosa: Remarque, Renn, Jünger / Karl Kraus / Franz Kafka / Kabarettkultur / Gottfried Benn / Bertolt Brecht I: Lyrik / Volksstück: Zuckmayer, Fleißer, Horvath / Erwin Piscator / Bertolt Brecht II: Lehrstück / Alfred Döblin / Robert Musil / Reportage: Reger, Hauser, Kisch / Literatur der Arbeiterbewegung I: Prosa / Literatur der Arbeiterbewegung II: Lyrik / Literatur der Arbeiterbewegung III: Drama / Literatur des deutschen Faschismus / ‚Innere Emigration' / Literatur im Exil / Bertolt Brecht III: Exildramatik / Heinrich Mann II / Thomas Mann II.

Erhard Schütz / Jochen Vogt
unter Mitarbeit von Karl W. Bauer, Heinz Geiger, Hermann Haarmann, Manfred Jäger, Hannes Krauss, Martin Lüdke, Klaus Siblewski
In Vorbereitung (erscheint im Herbst 1978)

Band 3: Bundesrepublik und DDR

 Westdeutscher Verlag

LESEN

Herausgeben von Erhard Schütz und Jochen Vogt

Band 1 Kinder · Bücher · Massenmedien
Hrsg. von Karl W. Bauer / Jochen Vogt. 1976. 228 Seiten. Folieneinband

Band 2 Der Alte Kanon neu
Zur Revision des literarischen Kanons in Wissenschaft und Unterricht. Hrsg. von Walter Raitz / Erhard Schütz. 1976. 256 Seiten. Folieneinband

Band 3 Deutscher Bauernkrieg
Historische Analysen und Studien zur Rezeption. Hrsg. von Walter Raitz. 1976. 234 Seiten. Folieneinband

Band 4 Literatur als Praxis
Aktualität und Tradition operativen Schreibens. Hrsg. von Raoul Hübner / Erhard Schütz. 1976. 240 Seiten. Folieneinband

Band 5 Didaktik Deutsch
Probleme · Positionen · Perspektiven. Hrsg. von Hannes Krauss / Jochen Vogt. 1976. 224 Seiten. Folieneinband
G. Wilkending, Was heißt und zu welchem Ende studiert man Didaktik? / M. Dahrendorf, Literaturdidaktik und/oder/gleich Literaturwissenschaft? / H. Krauss / J. Vogt, Vom erbaulichen zum kritischen Deutschunterricht / W. Röcke, Vom Stellenwert älterer Literatur im Deutschunterricht / E. Tegge, Kritisches zum Verhältnis von Linguistik und Sprachunterricht / G. Bauer, Parteilichkeit und Ausgewogenheit im realistischen Deutschunterricht / H. Helmers, Für einen demokratischen Deutschunterricht / R. Rigol, Hinweise zum Sprachunterricht in der Primarstufe / H. Hengst, Zwei unbekannte Größen: Schülerbedürfnisse und außerschulische Erfahrung.

Band 6 Literatur und Studentenbewegung
Eine Zwischenbilanz. Hrsg. von Martin Lüdke. 1977. 248 Seiten. Folieneinband
W. M. Lüdke, Vorwort oder vier vergebliche Anläufe und zwei Korrekturen / B. Lindner, Prosperität des Bestattungswesens? / H. B. Schlichting, Das Ungenügen der poetischen Strategien: Literatur im ‚Kursbuch' 1968–1976 / A. Hillach, Walter Benjamin – Korrektiv Kritischer Theorie oder revolutionäre Handhabe? / V. U. Müller, Cuba, Machiavelli und Bakunin / W. M. Lüdtke, Der Kreis, das Bewußtsein und das Ding / M. Buselmeier, Nach der Revolte / E. Fahlke, „Gute Nacht, New York – Gute Nacht, Berlin" / R. Hübner, „Klau mich" oder die Veränderung von Verkehrsformen.

 Westdeutscher Verlag